進退有度

現代女性

的 情商修養之書

樂律

張鈴玉 著

掌握處世智慧、擺脫道德綁架
在人際關係中游刃有餘

自信是最佳的名片，優雅是最好的化妝品
不被世俗綁架，活出自我價值
完美駕馭情緒，修養使女人自帶光芒
不討好、不將就，高情商是迎戰的祕密武器

目錄

前言

輯一　獨立自主，是一個女人最大的底氣
　　世界鬧哄哄，聽自己的就好……………………010
　　不談戀愛死不了，脫貧比脫單更重要…………013
　　活給自己看，才是女人該有的模樣………………018
　　不必追隨潮流，堅定地做自己……………………021
　　靠人不如靠己，不把命運交給別人………………024
　　給自己一個獨立思考的時間和空間………………028

輯二　清醒而自知，是一個女人光而不耀的修養
　　愛自己，從內心接納真正的自己…………………032
　　相信每朵花都有盛開的理由………………………035
　　修練你的教養，在舉手投足間散發魅力…………039
　　你沒有必要討所有人喜歡…………………………042
　　追求自己的價值，永遠不要停下前進的腳步……046

目錄

你的溫暖就像陽光，暖了別人，也照亮了自己……049

氣質是智慧的沉澱，女人不能不充實自己…………052

輯三　能控制好情緒的女人，才能控制人生

沒人會為難一個愛笑的女人………………………058

有時候，「糊塗」是種大智慧……………………061

與其嫉妒別人，不如提升自己……………………065

拿得起是勇氣，放得下是智慧……………………069

心若平和，便是晴天………………………………072

無法控制的情緒，猶如可怕的毒藥………………076

輯四　好好說話，是一個女人的頂級修養

會說話的女人，不抬槓，不較勁…………………082

咄咄逼人，只會讓你顯得無禮……………………086

好好說話，就是不說那些傷害人的話……………090

口若懸河，不如適當的沉默………………………093

懂幽默的女人，從來不會輸在說話上……………097

真誠讚美，是女人的一種高級情商………………101

善於傾聽的女人，情商不會低……………………105

輯五　懂進退，知分寸，是一個女人最好的模樣

學會放棄，做不鑽牛角尖的女人……………………110

做一株馬蹄蓮，即使盛放也懂得收斂……………………114

不卑微，不討好，兩情相悅才是最好的愛情……………117

會吃虧是福氣，是高情商女人的生活智慧………………121

越是低調，就越能征服人心……………………………125

你可以不圓滑，但要懂世故……………………………128

輯六　高情商不是鑽營取巧，而是成為自己的貴人

絕不將就，追求最好才能做到最好………………………134

不要把生命浪費在閒言碎語上……………………………137

幸運就是在人們看不到的地方努力………………………141

尊重他人，是一個女人最好的品格………………………145

你可以溫柔，但必須態度鮮明……………………………149

輯七　請相信，沒有一副肩膀能代替你的一雙翅膀

多些耐心，廢墟上也能開出花朵…………………………154

有愛情，也要有買麵包的能力……………………………157

克服「不可能」，你便是自己人生的王…………………160

目錄

越活越美的女人到底長什麼樣……………………164
腳踏實地邁好每一步,方可爬上最高的山峰………169
自己的選擇,跪著也要走下去……………………173

輯八　在人生每個階段,心向美好,且有力量

愛生活的女人,都自帶光芒………………………180
真正高貴的女人,都有一顆寬容的心……………184
失敗不可怕,可怕的是你預設自己的失敗…………188
守住初心,將生活過成詩…………………………191
擁有簡單的心態,做一個簡單的女人………………195
所謂幸福,就是懷有一顆感恩的心…………………199

前言

　　有人說，這個世界有十分美，可若是沒有女人，將失掉七分色彩；女人有十分美，可若是沒有修養和智慧，同樣會失掉七分。

　　對於女人來說，高情商是最重要的立身之本。女人的青春會隨著時光的流逝而消逝，容顏也會隨著年華的流逝而老去。然而，情商和修養卻永遠不會隨著時光而消失，相反，它們會隨著歲月的增加而日益提升，使得一個女人越來越具有魅力，並綻放出與眾不同的光彩。

　　女人要獨立自主，真正認清自己，不妄自菲薄，並且實現自我的真正價值。

　　女人要注意自己的一言一行，控制自己的情緒，因為女人的情商源自內心的涵養，並且主要體現在日常的待人接物上，甚至是舉手投足之間。

　　女人應該有獨立的人格，堅持走自己的道路，不依賴和依附任何人，既能夠做個溫柔的小女人，又能夠做強勢的大女人，並且努力實現自己的夢想和目標。

　　當然，女人的情商還表現在她們的善解人意，熱情大方，不浮躁做作。她們懂得什麼時候該溫婉、柔情，什麼時候該勇

前言

往直前、仗義執言；她們懂得說話的分寸，適時地送出讚美，讓人如沐春風……正如一位富有智慧的女性主持人曾說的：「一個有修養、有智慧的女人會把幸福開成芬芳四溢的花園，會把苦難化成幸福點點，會把風雨轉為陽光燦爛，會把蒼老變成青春容顏，會讓親友相擁相暖，會讓愛情甜蜜永遠，會讓人生沒有遺憾。」總之，一個女人最大的智慧就是擁有高情商，高情商往往可以幫助女人更好地處世。

本書從自主、自知、自控、自律四個方面著重指導女性朋友們如何由內而外提升自己的情商，從語言、行為、意志、心性四個方面如何修練自己的處世智慧。

這是一本寫給女性朋友的書，希望能夠幫助每一位女性朋友增加自己的魅力，做一個會處世、有修養的高情商女人！

輯一
獨立自主，
是一個女人最大的底氣

　　高情商的女人，都有獨立的思想和人格，有自己的主見。她們清楚自己想要什麼，不會被別人的言論左右，也不會隨波逐流，能堅守自己的人生觀、價值觀。這些特質會潛移默化地轉化成為她們的優勢，讓她們在人生道路上別具風采。

輯一　獨立自主，是一個女人最大的底氣

世界鬧哄哄，聽自己的就好

說起瑪丹娜（Madonna），首先出現在大家腦海的形容詞，一定是張揚和放蕩，這個女人，在她的演藝生涯中總是在不停地製造另類的新聞，讓大家的目光不得不投放到她的身上。

然而，瑪丹娜身上也有很多可貴之處，她勇敢做自己，不在乎別人的想法和世俗的眼光。也正因為瑪丹娜勇於釋放自我，才讓她成為一個不可超越、不可模擬的「歌壇女王」。

瑪丹娜並不是出身於富有家庭的大家閨秀，父親雖然是一個工程師，但是家裡有八個子女要他撫養，瑪丹娜是家裡的長女，所以很自然地做起了照顧弟弟妹妹的事情。原本在窮苦家庭出來的女孩子都是乖巧聽話的，然而，瑪丹娜卻是一個另類。

她腦海中想的，就是做自己喜歡的事情。她喜歡舞蹈，在五歲的時候，就聽著唱片學跳舞。她在舞蹈班訓練的時候，因為不喜歡那種傳統的舞蹈服裝，她居然按照自己喜歡的樣式將衣服從中間剪開，然後穿著別上別針的衣服出現在大家面前，那些驚異的目光在瑪丹娜眼裡只是另類的讚賞，她高唱著「我喜歡」的調子，我行我素地行走在塵世間。

「你是瑪丹娜，如果你不喜歡這樣，就按照你喜歡的方式去做吧。」這樣的話，從來沒有從瑪丹娜的腦海中消失過，她總是做著真實的自己。

然而，隨著年齡的增長和心理的成熟，瑪丹娜漸漸覺得回頭率並不是她真正想要的，她重新選擇自己想做的事情。從前在燃燒著的十字架面前跳舞的女孩以一個「慈母」的形象出現在大家面前，然而，不管前後的反差多大，瑪丹娜都是在做自己想做的事情。她的身上總是有著強烈的自信。

不可否認的是，不管以什麼樣的形象出現在大眾面前，瑪丹娜永遠是優雅而迷人的。

事實上，很多人喜歡瑪丹娜，欣賞瑪丹娜，正是因為她選擇做真實的自己。無論什麼時候，她都不會委曲求全，她不畏懼世俗的眼光，不畏懼那些束縛，她一心做自己想做的事，並堅信自己可以做好。而這種思想和內涵，形成一種獨特的魅力，讓人感覺到她的堅定與不凡。

生活賦予女人很多的角色，職場女性、母親、妻子、女兒，所以女人需要肩負很多很多的責任，應付很多很多的問題。慢慢地，很多女人平衡了各種關係，做好了母親、妻子，成了一名職場麗人，卻忽視了自己內心最想要的是什麼，於是不少女人在生活中過著「違背內心的生活」。何謂「違背內心」呢？並不喜歡那個男人，但還是勉勉強強地與之結婚生子，生活在一起；很厭惡自己目前從事的工作，卻又不能擺脫；明明內心苦悶不已，壓抑和煩悶占據了內心，卻還要堅持每天笑臉迎人……她們的生活毫無樂趣可言，有的只是煎熬和掙扎，活得特別累！

輯一　獨立自主，是一個女人最大的底氣

女人要學會做自己，聽從自己。只有充分地愛自己，才能愛別人和這個世界，然後獲得想要的幸福。

王菲是一個追求自我的女人，她的選擇從來不會受外界的影響，用一個詞來形容那就是：我行我素。

在音樂上，王菲之所以能夠有如此成就，除了天賦、運氣、努力，還有重要的一點，那就是她知道自己想要什麼，並且堅持做自己。她的音樂有自己的特色，不模仿任何人，也不跟隨什麼潮流、風向。她的音樂是獨一無二的，雖然很多人都模仿過她的歌，但是卻沒有任何人能夠模仿出她音樂的氣質。

在生活上，她一直都在追求自我，活得特立獨行。雖然她不是世俗眼中的好母親、好妻子，卻活出了所有女人都羨慕的樣子──自信、驕傲、只做自己，並且從不委屈自己。當愛情來臨的時候，她勇敢與謝霆鋒牽手，談了一場轟轟烈烈的戀愛。當愛情散去時，又痛快地放手，沒有絲毫的抱怨，然後全身而退。

之後，王菲選擇了成熟穩重的李亞鵬，並且與其走進婚姻殿堂，生下了可愛的寶寶。雖然寶寶有一些缺陷，但是她過起了自己的幸福生活──幾乎全面停止工作，專心過起小女人的日子，居家，帶小孩，讀經，偶爾為以女兒名字命名的慈善基金會忙碌。當發現兩人的個性、生活方式、思想理念有出入的時候，王菲再一次選擇結束自己的婚姻，完全不顧外界是如何看、如何想。

王菲時常說自己是一個糊塗的女人，不在乎生活的小節，可事實上，她在人生大方向上，卻一直保持著清醒。不管什麼時候，她都清醒地掌控著自己的人生，只聽自己，絕不委屈自己。而她也是最幸福、最令人羨慕的女人。

所以，女人必須要讀懂自己的內心，知道自己想要什麼，找到喜歡並適合自己的東西，遵循自己的內心生活。

你可能沒有嬌美的容顏，可能沒有華麗的服飾，可能沒有婀娜的身姿，但只要你能時常聽聽內心的聲音，做自己真正喜歡的事情，協調好自己的內在和外在，那麼你所到之處，舉手投足、一顰一笑都會流露出一抹散不去的生命馨香；你會散發出無人可比的大氣，就像磁石一樣吸引著每一個遇到你的人，給人一種扣人心弦的美。

記住，即便世界鬧哄哄，你只要聽自己的就好。不要想去討好世界，也不要理什麼是非，活出理想中的自我，你就是幸福的女人。

不談戀愛死不了，脫貧比脫單更重要

幾年前，雨菲回家必然會經歷一件事情，那就是被催婚。先是父母的嘮叨，然後就是三姑六婆的勸告，後來就是爭相替

輯一　獨立自主，是一個女人最大的底氣

她介紹對象，「你今年二十七歲了，再不結婚，好男人都被挑走了」、「別的同學都結婚生子了，為什麼偏偏剩下你」、「有什麼挑挑揀揀的，結婚以後可以慢慢培養感情」……

一次，雨菲又在姑姑的安排下相親了，且對方對她印象還不錯。這天，雨菲一下班，對方便西裝革履地等在公司樓下。

見雨菲出來，他笑著走上前問：「打電話給你怎麼也不接？我們晚上一起吃個飯吧？」

雨菲一笑，抱歉地說：「對不起，今天有約。」說完便挽起同事的手臂，踩著高跟鞋走遠了。

同事望著雨菲，詢問這是怎麼回事。

雨菲抿起嘴苦笑：「這就是前幾天姑姑介紹的相親對象，一直死纏爛打。」

同事笑著問：「小夥子長得挺帥，不考慮一下嗎？」

雨菲擺擺手，只說了四個字：「三觀不合。」

同事忍不住問：「你不著急嗎？」

雨菲哈哈一笑：「雖然真的是『剩女』，雖然一直被父母催婚，親朋好友也催著相親，但是我不會選擇一個不愛的人，只是為了結婚而戀愛。如果遇到合適的就開始，如果遇不到，我也不會著急，相反地，我覺得在遇到自己真正喜歡的人之前，我應該先想辦法脫貧，讓自己變得更加出色，然後以最美的姿態，等待那個對的人出現。」

> 不談戀愛死不了，脫貧比脫單更重要

　　雨菲是這樣說的，也是這樣做的。這幾年，她努力地工作，從一開始的每月三萬元薪資的小編輯，成為年薪近百萬的編輯部主任，住著六、七十坪的大房子，開著幾十萬的車，靠自己買包買鞋，坦蕩地過著單身生活。為了追求苗條的身材，她每週去三次健身房，有時跳跳健美操，有時做瑜伽。為了滿足對甜品的嗜好，她將烤箱、料理機、蒸氣鍋等琳瑯滿目的廚房神器一樣樣搬回家，手機下載了一堆美食 App。辦公室的下午茶時間，從此有了她的甜品專場。朋友們一邊吃一邊嘖嘖稱讚，她在一旁瞇著眼，微微笑。那一刻，所有認識她的朋友都由衷地感嘆，雨菲這樣的女人真的很美。

　　事實證明，如此優秀、美麗的女人，很快就能迎來屬於自己的美好愛情。前段時間，三十歲的雨菲風光大嫁，羨煞旁人。她的先生長她兩歲，是一位高大帥氣、小有名氣的甜品店老闆，兩人在飛機上認識，因為座位挨在一起，簡單聊了幾句，居然發現兩個人都是甜品愛好者，之後的發展水到渠成。

　　我們時常說：花若盛開，蝴蝶自來。當一個女人活出屬於自己的精采，那愛情自然會翩翩而來。

　　現實生活中，很多女孩子會被催婚，面對來自家人、同事，乃至整個社會的壓力，她們開始動搖，開始懷疑自己的堅持，甚至因為自己「嫁不出去」而感到羞愧。然而，因為別人催婚而選擇不愛的人，為了結婚而結婚，就真的會幸福嗎？

輯一　獨立自主，是一個女人最大的底氣

答案是否定的！對於一個「大齡剩女」來說，被催婚其實真的不可怕，可怕的是，你覺得別人說的都是對的。如此，你就會把自己的人生和幸福交到別人手中，就會因為遵從世俗而失去了自我。這樣的生活怎麼會幸福呢？！

在這裡我不想灌雞湯，也不想慫恿什麼，更不是鼓勵大家拒絕父母安排的相親，而是希望你們不要因為焦急而慌忙地走入婚姻。即便真的被「剩下」，如此美好的年歲，也應該好好地過，享受生活的五彩繽紛。即使遇到一個條件不錯的人，也依然要有讓自己變好的動力。

幾年前，看過一部外國電影《意》（*The Home Song Stories*）：一個叫玫瑰的漂亮女人，是過氣的歌手，她不知道自己想要什麼，每天幾乎什麼都不做，只是在各種愛情裡輾轉。從年輕時，到不再年輕時，她彷彿一葉漂浮在大海上的浮萍一般，每天都活得渾渾噩噩，每一次遇到新男人，她都希望能跟著「上岸」，卻一次次被背叛、欺騙、拋棄。

玫瑰的容顏在褪色，再也留不住男人的心，一生就這樣耗沒了，最終資源、地位、事業、房子、錢通通為零，小情人甚至喜歡上了自己的女兒。她一無所有，又走投無路，只有自殺。

玫瑰的故事是一個悲劇，可這悲劇的源頭恰好是她自己。她渴望愛情，希望透過愛自己的人過上幸福的生活，希望為自己的下半輩子找一個依靠。可在這個過程中，她卻沒有意識到，任何

> 不談戀愛死不了，脫貧比脫單更重要

人都是靠不住的，唯一可靠的只有她自己。

現實中不少女人與玫瑰如出一轍，她們沒有自己的思考能力，什麼都等著別人來安排。她們理所當然地認為，女人就該像電視劇裡的單純可愛的女主角一樣，只等著男人來守護。而如此沒有自我的女人往往最容易遇人不淑，最終的結局也往往是喪失所有！

戀愛也好，結婚也好，從來都沒有那麼純粹。一段感情能否持久與牢固，相當程度上，是兩人之間的一種博弈，勢均力敵者方能走到最後。勢均力敵不僅僅體現在身家、背景，更體現在兩人的能力、性格、思想上。你要做好自己，讓自己活得更精采，才能贏得匹配的愛情。否則，你只會淪為別人的附屬品，最後落得被拋棄的下場。

所以，女性朋友們，千萬別因急於脫單而刻意談婚論嫁，也不要怕承受別人異樣的目光，讓自己做違心的選擇。先把脫貧作為第一位，想清楚自己想要什麼，然後不斷花時間提升自己，從內到外，讓自己努力變得更加獨立、自信、優秀。這樣一來，你的人生才能綻放出不一樣的光彩，一份美好的愛情才能向你走來。

輯一　獨立自主，是一個女人最大的底氣

活給自己看，才是女人該有的模樣

　　一位西方作家說：「每一陣批評的風都會把我們吹得不知去向。」沒錯，很多人太在意別人對自己的評價，因為別人的一句話而失去了做自己的勇氣，甚至刻意改變自己。他們永遠活在別人眼裡，凡事都是做給別人看的，因此也始終無法找到真正的自我。

　　有個女孩名叫小雅，是個非常出色的人，以很好的成績考上了國立清華大學。可是，她卻因為別人的評價而感到迷茫，於是便找心理諮商師請教。

　　面對這位諮商師，她滿臉愁苦地問：「老師，有人稱讚我是天才，能憑藉自己的努力考上清華，將來肯定有一番作為；也有人罵我是笨蛋，說我只不過是一個書呆子，不會有多大的出息。那您說我到底是天才，還是笨蛋呢？」

　　老師沒有正面回答小雅的問題，而是反問道：「你是如何看待自己的？」

　　「我……」小雅一臉茫然，不知如何回答。

　　「你相信你是天才，你就是天才；你相信你是笨蛋，你就是笨蛋。」這位老師耐心地解釋道，「無論有人抬高你，還是有人貶低你，你就是你，你究竟是怎樣的，取決於你怎麼對待自己，怎麼努力。」

> 活給自己看，才是女人該有的模樣

女人大多是敏感的，這讓她們善於觀察他人的一舉一動、一言一行，也因此，女人特別在意別人的看法和眼光，不管做什麼事情都要考慮一下別人會怎麼看。這並不意味著我們做什麼事情都必須以別人的看法為準，做什麼事情都要徵求別人的意見。一旦我們被別人的批評或是讚美亂了心神，那麼就會被困在其中，難以認清自己的本意，甚至是生活在別人的思想裡，完全失去自我。

在人生道路上，我們總會覺得某些人很重要，刻意地逢迎，因為他們的一句話而改變自己。可等到走遠了之後才發現，真正對你重要的人也就那麼寥寥幾個，許多人不過是匆匆過客，甚至是擦肩而過的陌生人，那麼你為什麼要讓自己的生活受這些人影響呢？

更何況，每個人的經歷不同、性格不同，思想也不一樣，即使你再怎麼努力，也不可能讓每個人都滿意。當你話多的時候，別人說你不懂得矜持；當你話少的時候，別人又批評你太過於孤傲……既然如此，你又何必按照別人的看法為人處世呢？

麥克阿瑟（MacArthur）將軍的故事很多人都有耳聞。據說他剛當上軍官時，心裡很高興。每當行軍的時候，他總是走在隊伍的最後面，以便更好地監督士兵們。

有一次在行軍途中，旁邊的人取笑他說：「麥克阿瑟哪裡像個軍官呀，倒是像一個放牧的。一個像羊倌一樣的軍官指揮著

輯一　獨立自主，是一個女人最大的底氣

一群綿羊，這樣的部隊能打勝仗才怪。」聽了這話，麥克阿瑟覺得雖然人家的話不好聽，卻不無道理，於是走到了隊伍的中間。

可是這一次又有人議論：「麥克阿瑟真是個膽小鬼，不配做軍官。這種只會躲到隊伍裡面的軍官，怎麼能讓士兵信服呢？」

麥克阿瑟聽到了，又走到了隊伍的最前面。然而，他還是能聽到這樣的議論：「你們瞧，麥克阿瑟還沒帶兵打過一次勝仗，就這麼高傲地走到隊伍最前頭，真是不知道害臊！」

聽到這裡，麥克阿瑟終於明白：我不管怎麼做都不可能讓所有人滿意，再這樣下去恐怕我連走路都不會了，我還是走好自己的路吧！從此，麥克阿瑟不再顧及他人的評價，而是想怎麼走就怎麼走。最後，他憑藉出色的作戰指揮能力成為卓越的指揮官。

可見，堅持自我，不在意別人的批評和指責，才能做好自己。女性朋友們請記住，生活是自己的，活給自己看，這才是最舒服的事情。

每個人都有專屬於自己的人生路，如何行走，周圍的人只能給你意見。你只需有好的辨別能力，做出最利於自己的選擇即可。走一條什麼樣的路，走多遠的路，走路時的姿態以及走路時的心情，全然由我們自己來控制。

當別人告訴你，你應該怎麼做，你不應該怎麼做時，不妨先問問自己的內心：「我是怎麼想的？」、「我這樣是發自內心的嗎？」然後按照自己真正的想法去做，而不去管別人是否肯定，

是否認可。只要你相信自己的選擇，那麼就義無反顧地做吧！

當你充分發揮自身潛力和優勢時，也就成就了最好的自己。

不必追隨潮流，堅定地做自己

人們常說，「沒有兩片完全相同的樹葉」，人也是如此。沒有兩個女人擁有完全一樣的個性，也沒有兩個女人擁有完全一樣的氣質。一個女人想要獲得成功和幸福，必須要堅持自我，不能盲目地聽從他人的意見，也不能固守在過去的經驗和成見中。

黛安娜王妃（Princess Diana）就是這樣的一個女人。她之所以深受人們的喜歡和尊敬，在那麼多的王室貴族中脫穎而出，依靠的不只是她的美貌，還有她那種不甘隨大流的人生態度。

一九八一年的那場世紀婚禮，就像一個幸福的象徵一樣刻在每個英國人的心中，黛安娜王妃和查爾斯王子（Prince Charles）的婚禮就像「灰姑娘」童話在現實生活中的真實場景，所有人都為這對郎才女貌的新人祝福。然而，這對世人矚目的夫妻，卻選擇了同樣轟轟烈烈的方式離婚。

在遇見查爾斯王子之前，黛安娜只是一個無憂無慮的少女，她喜歡自由和浪漫，像所有的普通女孩子一樣，希望能遇見一個和自己相親相愛的男人，這個男人能給自己一個浪漫溫

輯一　獨立自主，是一個女人最大的底氣

馨的家庭。

所以，當她十九歲那年，遇見查爾斯王子的時候，年輕的黛安娜以為自己遇見了幸福。她答應了他的求婚，成了他的王妃，大英帝國皇室成員中的一員。這時候的黛安娜是幸福的，因為她被自己身邊的丈夫所深深地迷戀，她也強烈地愛著這位皇室的繼承人。

然而，婚後的生活與黛安娜的想像完全背道而馳：她的王妃身分，讓她從一個普通的少女，一夜之間成為眾多媒體爭相報導的焦點，她的行為和穿著已經不只是她個人的事情，還關係到王室的形象。她再也沒有自由可言，在一次次的順從中，徹底失去了自己的個性。她再也不是黛安娜，而是王室的某某，和那些身分尊貴的王室貴婦一樣，只是一種權勢的代表，這是黛安娜不能接受的。

令黛安娜更不能接受的是查爾斯王子對她和對婚姻的態度。這個她心愛的男人，和婚前的那個男人已經完全不能相提並論了。他不忠誠於自己的婚姻和妻子，他沒有對自己的妻子表現出關心和愛，甚至只是將黛安娜當成了生養下一代皇室繼承人的女人，這是黛安娜結婚之前想不到的。

黛安娜不能容忍自己被這樣對待，不能在這樣的王室中失去自己的個性，不能在這種不和諧、不平等的婚姻中失去自我。於是，這個美麗的女人勇敢地向王室發出了戰帖。從此，黛安娜不再服從王室的安排，她走自己的路，選擇自己喜歡的衣著，

> 不必追隨潮流，堅定地做自己

邁自己認為舒服的步伐，她不再把自己拘束在一個囚籠裡，而是振翅而飛。

也許，最初黛安娜成為受人矚目的焦點是因為她在一夜之間成了英國的王妃，但是當她決定和王室的規矩背道而馳的時候，黛安娜被人追捧的原因已經不是那個高貴的頭銜，而是她的個性了。正是她的勇敢反抗，讓這個叛逆的王妃永遠成為焦點，即使是在和查爾斯王子離婚之後，黛安娜依舊是人們尊敬的王妃。

現實生活中很多女人也想要追求個性，然而，很多時候她們卻錯誤地理解了個性的概念。她們以為緊跟時尚潮流就是個性，殊不知，這不僅沒有真正地體現出她們的個性，反而把她們的個性都掩蓋住了，將她們拉近了庸俗。

要知道，潮流和時尚並不一定就適合你，因為每個女人都不一樣，每個人的思想也不一樣。你是獨一無二的，只有發掘屬於自己的想法，尋找適合自己個性、內心的東西，這才是真正的個性。

所以，女人必須內心堅定，不必跟隨任何人，也不必模仿任何人。這是因為每個人的魅力都是獨一無二，不可複製的，不管你的模仿秀是多麼唯妙唯肖，你都不可能成為下一個她。若是你模仿得不倫不類的話，就會成為東施效顰了。

堅定自我，不盲目追隨潮流，堅持自己的個性。當你擁有自己的做事原則和風格，你就是個優秀的女人。

輯一　獨立自主，是一個女人最大的底氣

靠人不如靠己，不把命運交給別人

很多女人認為自己天生就是弱者，所以習慣依靠別人。結婚前依靠父母，一旦遇到困難便想要尋求父母的幫助，以致於已經成年了還脫離不了家庭的保護；結婚之後，她們依靠的對象變成了丈夫，把自己的命運全部都交付到一個男人手中。

可是，依靠別人真的能讓她們獲得幸福嗎？當然不能。或許父母、愛人能夠給你支持和幫助，但是這種支持和幫助不是永遠的。一旦你孤身一人陷入困境的時候，就會難以自救。

要知道，一個人的幸福不是任何人能夠給予的，一個人的命運也不是任何人能夠主宰的。作為女人，你要相信幸福是需要你一手打造的。靠人不如靠己，一個不依靠別人的女人，才能主宰自己的命運。

伊凡卡・川普（Ivanka Trump）是美國房地產大王唐納・川普（Donald Trump）的女兒，是家族鉅額財富的繼承者之一，可謂含著「金湯匙」出生的。但她從小堅持打工賺零用錢，除了父母提供的生活費和教育費外，其他一切開支都是自掏腰包。

憑著高挑的身材和靚麗的外表以及自身的努力，伊凡卡成為一名活躍在演藝圈和商界的女強人，曾連續兩年登上富比士雜誌未婚女富豪排行榜榜首。再後來，伊凡卡與大她一歲的名門公子傑瑞德・庫許納（Jared Kushner）喜結連理，在父親的

> 靠人不如靠己，不把命運交給別人

「川普集團」中擔任副總裁，在美國著名的真人秀《誰是接班人》（The Apprentice）中擔任主持人，令眾人豔羨不已。

伊凡卡・川普的父親是一代富豪，丈夫是名門公子。然而，她依靠別人了嗎？沒有，她也根本不用，她不需要透過父親和丈夫來確認自己的身分，因為她本身就是一個成功的人。她有自己的經濟基礎，有自己的生活態度，就像一朵永不凋謝的花燦爛地盛開在人生道路上。

女人要記住，命運就像掌紋一樣，無論多麼曲折，不管什麼時候，都掌握在自己手中。

曾經有人說過這樣一句話：「沒有獨立的人格，就沒有真正的幸福。」沒錯，沒有獨立思想的女人是悲哀的，她們就像被關在籠子裡的小鳥，即便有一天籠子的門打開了，她們也不會飛多遠，甚至有的只會站在籠子口向外張望，根本不會走到籠子外面去尋求新的世界。

那些沒有獨立思想的女人，心甘情願地做一個等待被別人賜福的人，她們始終無法明白，生活從不因為你是女孩就會對你憐香惜玉，人生起起落落無法預料，光想著依靠別人注定失敗。所以，那些無法自立的女人始終無法逃離悲慘的命運，走不出困住自己的牢籠。

可悲的是，有些女人有能力、有美貌，卻沒有獨立的人格。她們認為只有依靠男人，才能獲得幸福，認為只有男人才能拯

025

輯一　獨立自主，是一個女人最大的底氣

救自己，結果卻落得悲慘的下場。

阮小姐曾是電影界紅極一時的影星，她在幼年的時候就沒有了父親，與做傭人的母親相依為命。

在十六歲那年，阮小姐和主人家的張少爺相愛了，張家人極力反對此事，趕走了這對母女。張少爺卻瞞著家裡，將走投無路的阮小姐母女安排在某處暫時落腳。隨後，單純又渴望安定的阮小姐與張少爺同居，並主動退學，將自己的命運交給了這位玩世不恭的少爺。

阮小姐天資聰穎，非常喜歡演戲，很快在電影事業上發展起來，成為炙手可熱的當紅影星。張少爺卻不務正業，沉迷於賭博，把家產敗光後，將阮小姐當成了自己的搖錢樹。阮小姐幾番勸說，張少爺卻不知悔改。最終，阮小姐忍無可忍，和張少爺分手。

這時，茶葉大王唐少爺走入了阮小姐的生活。唐少爺是個情場高手，很早就垂涎阮小姐的美色和名氣了，只是礙於張少爺，一直找不到接近她的機會。現在，他以一種體貼多情、闊綽開明的姿態向阮小姐發起了猛烈的攻勢。

很快，阮小姐就成為唐少爺豪門公寓中的一隻金絲雀，搬到一棟三層小洋樓同居，而且對唐少爺言聽計從。但是，當阮小姐主演的一部電影公映之後，她受到了社會輿論的攻擊。張少爺趁機用舊情對她進行敲詐，還弄了一幫小報記者無事生非，導致阮小姐名譽受損。與此同時，處於水深火熱之中的阮

> 靠人不如靠己，不把命運交給別人

小姐還受到了唐少爺的冷遇和責備，他在外面還有了新的相好。

由於張少爺的無賴和唐少爺的不忠，阮小姐再次失去了感情的寄託和身心依靠。於是，她找到了拍攝電影的導演，希望能夠得到幫助，一起離開這個是非之地。導演並不願意承擔這樣的風險，拒絕了阮小姐的請求。這時，阮小姐傷心透頂，她覺得身邊的每一個男人都讓她感到失望，於是在絕望之中把幾十顆安眠藥放入八寶粥裡，結束了自己年僅二十五歲的生命。

一代影后就這樣離開了令她感到失望的世界。其實，以她當時的名聲和地位，在經濟上是可以獨立的。但是，令人嘆息的是，她在精神上始終接受著男性世界的奴役，將自己的命運完全寄託在了男人的身上。這種在精神上不能獨立的女人，她的一切成功都將成為空中樓閣。

靠人不如靠己，這是一個獨立的高情商女性應有的覺悟。她們不會將自己的命運完全交託給別人，想要的幸福和快樂，想要的事業和愛情，都會自己去爭取和創造。

有一位企業家曾說：「命運是一個人一生所走完的路，是一個人用一輩子所完成的作業。有的人認為，命運是天注定的，是不可改變的。但在我看來，命運不過是人生的方向盤，駛往哪個方向，它掌握在每個人自己的手中。」

總之，不論什麼時候，女人都一定要學會獨立，掌握自己人生的方向盤，而不是把命運交給別人。

輯一　獨立自主，是一個女人最大的底氣

給自己一個獨立思考的時間和空間

有人說過：「不要放棄每一個獨立思考的機會，你需要透過自己的思考做出抉擇。」事實上，只要我們仔細觀察就可以發現，那些在某一方面取得成功的女人，往往都是能夠獨立思考的人，懂得如何給自己一個獨立思考的時間和空間。而那些生活得平庸、困頓的女人，總是因為種種原因而放棄了獨立思考的機會。

舉個例子：對於職業女性來說，上班時要工作，下班後要照顧老公、孩子，幾乎是公司、家兩點一線，沒有自己的空間和時間。於是，忙碌的工作、瑣碎的生活，使很多女性忽視了獨立思考，甚至喪失了獨立思考的能力，慢慢地習慣迎合他人、人云亦云。

可是，不管是職場成功女性，還是能幹的家庭主婦，她們就不用思考了嗎？當然不是，若是如此，這些女性便會成為工作和生活的奴隸，失去真正的自己。

其實，女人更離不開思考，思考是她獲得成長和成功的重要途徑。因為忙於工作和家庭，女人留給自己的時間有限，所以更要學會充分利用時機思考。如此一來，我們的生活才不會越來越荒蕪、無趣，才能盛開更美麗的鮮花。

曉茜在香港一家企業做行政工作，而她的男朋友則在臺灣工作。後來，曉茜覺得異地戀太辛苦，也受不了男朋友不在自

> 給自己一個獨立思考的時間和空間

己身邊,於是便放棄了自己的工作,回到臺灣。

但曉茜很快發現,兩個人的朝夕相處並沒有讓她感到快樂,反而讓她感到越來越窒息,有一次還為了一件雞毛蒜皮的小事和男朋友大吵了一架。

曉茜打電話給自己最好的朋友,講了最近自己的心結,問是不是自己不該回臺灣。好朋友問她:「你是不是自從回到臺灣,就一天不落地跟男朋友在一起?」,「那當然啦,我是為什麼來的!」曉茜回答得十分痛快。

好朋友說:「那就對了,這是你內心深處的自己在抗議呢,怪你不留一點時間給自己。女人也要有自己的時間和空間,要有獨立思考的能力。你這樣下去,不僅會失去了自己的自由,還會喪失了獨立思考的能力,失去了真正的自我。這樣一來,你覺得生活還能繼續美好下去嗎?」

曉茜一下子清醒了。是啊,之前自己一個人生活,需要處理很多問題,需要思考很多東西。可是現在自己卻完全依賴男朋友,喪失了自由和思考,若是自己不做改變,恐怕後果更加嚴重,也會讓生活變得像一潭死水,沒有了生機。

曉茜是個聰明的女孩,找到癥結之後,就開始改變。曉茜先是留出屬於自己的時間,擺脫了對男朋友的完全依賴。接著,她開始獨立思考,利用空閒的時間來反思自己,思考如何提高自己,如何增進與男朋友之間的感情⋯⋯很快,曉茜又變回了那個獨立、爽快的女孩,且工作和愛情都變得越來越好。

輯一　獨立自主，是一個女人最大的底氣

　　在當今這個社會，一個沒有獨立思考能力、不能獨當一面的女人，是沒有什麼前途和幸福可言的。試想，如果你連自己想要什麼都不知道，應該做什麼、堅持什麼都弄不明白，只能依賴他人、跟隨他人，那麼如何能獲得成功和幸福呢？

　　正如齊白石老人教導弟子時說的那樣：「學我者生，似我者死。」這一生一死，是對獨立思考形成的獨特畫風的一種肯定和讚揚。可令人懊惱的是，人就是容易被別人影響，容易喪失獨立思考能力。雖然人們自認為自己的選擇是自身意識的體現，但事實上，很多時候你已經在不知不覺中陷入了盲從之中。

　　所以，想要贏得成功，就要學著做一個獨立的女人，給自己一個獨立思考的時間和空間。

　　也許對於很多女性來說，自由的時間是很「奢侈」的，但卻是必須的。給自己一點時間和空間，靜靜地思考，讓自己的心靈和精神得到棲息，這是給自己最好的禮物。如此一來，你才能找到屬於自己的位置，並且贏得成功的機會。

輯二
清醒而自知，
是一個女人光而不耀的修養

　　情商高是什麼？不是精明，而是有自知和知人之明。知人者智，自知者明。高情商的女人既不會低看自己，也不會高估別人，她們清楚自己的優勢與劣勢，擅長發揮最大的優勢，也能很好地規避劣勢，並且懂得尋找最合適的人優勢互補，資源整合。雖然有光芒，卻不那麼耀眼，才更有能力創造更好的生活。

輯二 清醒而自知，是一個女人光而不耀的修養

愛自己，從內心接納真正的自己

一個雙目失明的女人，從小為自己的這一缺陷而自卑不已。她總覺得因為這個缺點，自己以後肯定一事無成，所以整天渾渾噩噩地生活。

後來，她遇到一位智者。智者對她說了這樣一番話：「上帝是不會把所有的好處都給一個人的，給了你美貌，就不肯給你智慧；給了你金錢，就不肯給你健康；給了你天才，就一定要搭配點苦難……世上每一個人都是被上帝咬過一口的蘋果，我們都是有缺陷的人，有的人缺陷比較大，是因為上帝特別喜歡她的芬芳，多咬了一些。」

聽了智者的話，她頓時醒悟：原來每一個人都有不足，不光自己有缺陷。從此，她不再自卑於失明，而是將這看作上帝對自己的特別關愛。

她振作了起來，跟著一位盲人師傅學習按摩。經過一番努力，她成了遠近聞名的優秀按摩師，為許多人解除病痛的折磨，受到很多人的尊重。

很多時候，一個女人過得好不好，與長相、家庭背景、工作職務、財產狀況等都沒有太多關係，而在於她能否發自內心地接受完整的自己，能不能帶著愉悅的心情接受自己所有的優點和缺點。這個世界上沒有人是沒有缺點的，只要你相信自

己,努力做好自己,那麼你就是最美的。

琳琳是一個很不錯的女孩,長得很漂亮,性格也很好,唯一不足的是個子很矮,大概不到一百五十五公分。為此,琳琳經常覺得自卑,直到她看到上面那個失明女人的故事,想到那個失明的女人能夠做好自己,為什麼她卻要因為身高而自卑呢?

從此,琳琳開始真正認識自己,發掘自己身上的優勢。她發現自己還算聰明,從小到大學習成績都不錯;她發現自己熱情、樂於助人,所以人緣非常好;她還發現自己身上有堅強、踏實、認真的品格⋯⋯慢慢地,她變得越來越自信了。

琳琳畢業後,她自信地奔波於就業市場,最終找到了一份非常不錯的工作,還順利地找到了一位如意郎君。現在,當別人說她個子矮時,她還自嘲地說自己是「被上帝咬過的蘋果」,然後大方地承認自己的不足。

我們都知道,法國羅浮宮鎮館之寶有三件都是關於女人的,且都是不完美的女人。

永恆的蒙娜麗莎,她唇邊似有若無的微笑扣動著無數人的心弦,可惜,你完全不知道她在笑什麼,你休想與她溝通。

美麗的斷臂維納斯,裸露的美背贏得無數人的讚嘆,可惜,卻雙臂斷裂,任何人都不知道她究竟在做什麼。

帶翼的勝利女神,飄搖的姿態和美妙的衣褶讓無數人幻想

輯二　清醒而自知，是一個女人光而不耀的修養

她的面容，可惜，她沒有頭，你根本不知道她在風中飛舞時的表情。

這三個不完美的女人，因為有自己獨特的美，才吸引了無數人的目光。

但在現實生活中，很多女性卻自卑於自己的不完美，因為一點點的瑕疵，就煩惱或消沉，使自己變得痛苦不堪。

大學的時候，我參加過一場大型的社團招新演講，每一個新社員都會進行自我介紹。我記得其中一個女孩，瘦瘦高高的，長得很清秀，自我介紹大大方方，表現得非常完美。當她講完之後，臺下所有人都報以熱烈的掌聲。

此時，一位學姐偷偷告訴我，這個女孩什麼都好，唯一不足的就是過於追求完美。

「追求完美沒有錯啊。」我反駁說。

學姐接著說道：「你沒有跟她接觸過，她是太過於追求完美了。有一次，我請她做一個演講PPT，因為太追求完美，她總是不滿意，來來回回調整，反反覆覆修改，一直到交給我還糾結於某個詞用得不夠好。你都想不到她每一次自責的樣子，都幾乎崩潰，大家怎麼勸都沒有用，儘管她做得已經很好了。」

後來，我聽說那個女孩退出社團了，因為她無法容忍自己每一次做出來的事情不夠好——事實上，那些不過是一些無關緊要的小瑕疵，比如不經意說錯的一句話，文稿中不太恰當的

用詞。這些都能讓她陷入自我懷疑的狀態,難以自拔。

這個女孩為了追求完美,不斷為自己設定標準,施加壓力,可在這個過程中,她對自己更加不滿意,甚至越來越失望,憂鬱也就越來越嚴重。

作為女子,我們實在沒有必要過於苛求自己,追求所謂的完美,而應學會從內心接納真正的自己,正確看待自己的缺點。欣然地接受自己現實中的狀況,才會得到最真實的快樂、最踏實的幸福,而這也是一個高情商女人的基本素養。

請相信,你的一切都剛剛好。

相信每朵花都有盛開的理由

她一直渴望成為歌手。可惜,在外人看來,她並不具備成為歌手的條件,因為她長了一張不好看的大嘴和一口暴牙。

第一次登臺演出的時候,她刻意地用自己的上唇掩飾牙齒,希望別人不會注意到她的暴牙而專心聽歌。結果,臺下的觀眾看她滑稽的樣子不禁大笑。

下臺後,一位觀眾對她說:「我很欣賞你的歌唱才華,也知道你剛剛在臺上想要掩飾什麼,你怕別人嘲笑你的暴牙對嗎?」女孩聽後一臉尷尬。接著,他又說:「暴牙怎麼了?你沒有發現

輯二　清醒而自知，是一個女人光而不耀的修養

因為它，你變得與眾不同了嗎？別再為此自卑了，盡情地展現你的才華吧。也許，你的牙齒還能夠帶給你好運呢！」

聽了這位觀眾的忠告，女孩不再自卑於自己的暴牙，每天都帶著最燦爛的微笑，唱歌的時候總是盡情地張開嘴巴，把所有的情緒都融入歌聲中。最後，她的名字享譽電影界和廣播界，很多人甚至迷上了她那看起來非常親切的暴牙。

或許單從容貌來看，她確實不夠美，還存在著小缺陷，但是因為她相信自己，欣賞自己，她最終實現了夢想，贏得了他人的歡迎和尊重。她之所以獲得成功，是因為她不再自卑於自己的暴牙，而是開始學著欣賞自己的美麗，盡情地投入到演唱之中。

事實上，很多女人生活不幸的一個關鍵原因就是她們太過挑剔自己，不懂得欣賞自己。自己長了一張圓臉，偏偏想要瓜子臉；自己的身材豐滿，偏偏想要苗條的身段；自己長了一張小嘴，卻偏偏喜歡茱莉亞·羅勃茲（Julia Roberts）那樣性感的大嘴……

美與醜在很多時候只不過是相對的，真正決定我們生活好壞的是我們對待自己的那份態度。當你對自己表現出否定和抗拒時，自信和熱情就被消磨掉，你只會陷入煩惱中。而當我們學會欣賞自己，肯定自己時，即使沒有姣好的外表，或存在一些小缺陷，也能夠綻放出與眾不同的風采，吸引和打動身邊的人。

說到這裡，我想起上高中的表妹。她原本是個愛笑愛鬧的小

女孩,可最近卻情緒非常低落,時常皺著眉頭,無精打采,和之前簡直判若兩人。家人問她出了什麼問題,她卻欲言又止,著實讓人著急。

由於我和表妹關係不錯,家人便讓我詢問其緣由。在學校門口見到她,表妹果然情緒不高,我半開玩笑地問道:「瞧,誰得罪我們家可愛的小美女了?」

表妹似乎難過裡夾雜著委屈,撇著嘴,難過地說:「班裡有同學說我長得醜,表姐,你覺得呢?我有那麼醜嗎?!」說完,眼淚就流出來了。

表妹今年剛上高一,不胖不矮,不白不黑,短頭髮,戴一副眼鏡。算不上特別漂亮,卻也算清秀,根本不能說醜。雖然臉上有點雀斑,但青春期的女孩大都如此,只要在打扮上花點心思也就不是事了。

表妹委屈地說:「有時站在鏡子前,我自己都覺得自己醜,皮膚不夠白,嘴巴有點大,還有雀斑……我現在真的很討厭去班級裡上課,因為我很擔心被同學們嘲笑。」她越說越委屈,最後泣不成聲。

我一邊替她擦眼淚,一邊安慰地說:「容貌是不可以選擇的,就像你不能選擇你的出身和父母一樣。沒有哪個女孩希望自己醜,但實際上人沒有絕對的美醜之分,我覺得你很漂亮啊。你瞧,你雖然是短頭髮,但這樣看起來多俐落、多精神。雖然你臉上有雀斑,但這樣顯得你更可愛、自然……

輯二　清醒而自知，是一個女人光而不耀的修養

每朵花都有自己的花期，各有各的美。玫瑰花嬌豔，牡丹花華貴，菊花淡雅，丁香花清麗，關鍵在於我們是否懂得欣賞它的美。同樣，我們女人也是如此。只有我們學會欣賞自己，才會發現自己的美麗，才能盡情地綻放自己的美。」

接下來，我向表妹講了美劇《醜女貝蒂》（Ugly Betty）的故事，告訴她：「貝蒂起初相貌平平，牙齒長得不好看，但她熱情善良，有頭腦，又努力，她獲得了許多人的喜歡，最終在事業上取得成功。後來，貝蒂摘掉牙套，開始打扮自己，成了內外兼修的大美人。現在你要以學業為重，充實自己的心靈，等畢業了，我教你打扮，你會更好看的！」

聽了我的話，表妹臉上漸漸有了笑容。

現實中，情商不高的女人大多不夠自信，一味地嫌棄自己這裡，嫌棄自己那裡，永遠跟自己過不去。可是，一個人若是不能相信自己，並且嘗試尋找自己的美麗，那麼永遠也無法獲得快樂，無法讓自己變得更優秀。

誠然，學會欣賞自己要比欣賞別人困難很多。這是因為對自己的欣賞，比對他人的欣賞需要更多的膽識和勇氣，需要具備更加銳利的眼光和更大的耐心和毅力。

這世間雖有千般好，但唯你最珍貴，因為我們每個人身上都有屬於自己的亮點：也許你的眼睛不是雙眼皮，但你的身材很棒；你的牙齒不夠好看，但你的皮膚很白嫩。就算你相貌真

的不好看,可是你有智慧,有思想,有溫柔的性格,這都是你寶貴的財富呀!懂得欣賞自己實際上是情商高的體現,它意味著對自己的尊重與認可,這也是成就自己的前提條件。

一個女人只有懂得欣賞自己,才能夠坦然地面對周遭的一切,才能贏取旁人的尊重和愛,為自己打造出幸福而輝煌的人生。

修練你的教養,在舉手投足間散發魅力

一位研究生導師有一雙兒女,一個四歲,一個五歲,吃飯的時候,這兩個小寶貝端正地坐在桌子旁,安靜地吃著自己盤子裡的食物,沒有像其他小孩子那樣到處亂跑,或指著盤子說「爸爸,我要吃這個」、「媽媽,拿那個給我」。平常生活中,這兩個孩子也表現得很有教養,見到的人都會誇獎他們。

導師的太太是個英國人,她很驕傲地說:「因為我從小就訓練他們講究規矩,我小時候就是這樣被媽媽訓練的。我也抱怨過媽媽,但現在我感謝她。」

一位女學生見導師太太的教養特別好,便下決心要跟她好好學習,提升自己的修養。

吃飯時,導師太太不能容忍她斜靠在椅背上,即便她是真的很累,也必須做到腰板筆直;她要求女生不論什麼時候,都

輯二　清醒而自知，是一個女人光而不耀的修養

必須抬頭、挺胸、收腹、脊背直，不能搖來晃去；連說話、接電話的聲音都有嚴格的規定，多麼緊急的情況也不能超過五十分貝⋯⋯犯錯的時候，導師太太還會用一把尺打她。

訓練的那段時間，女生吃了很多苦，但是為了修練自己，她一直在堅持。

值得慶幸的是，經過一段時間的訓練，她「畢業」了。導師太太終於對她露出了微笑，並誇獎說：「現在，你已經是一個很有魅力的淑女了！」這之後，這個女生不論出席什麼樣的場合，都能進退自如，禮貌得體。

如果有人問：「你覺得女性最需要學習的是什麼？」

答案是：教養。

那麼，什麼才是教養？

答案是：教養就是細節。

有沒有教養，無關知識、無關金錢、無關地位，教養體現在日常的一舉一動中。一個人細微的表現會無時無刻不在告訴別人──你的家教、人品、性格、價值觀。

情商高的女人可以貌不出眾，可以平淡無奇，但不可以沒有教養。在日常生活中，有些女人都會有或多或少的不雅小動作，當她們不經意、無意識地做出這種不雅動作時，她們可能根本沒有想到它正在一點一點地毀壞自己的形象。情商高的女

> 修練你的教養，在舉手投足間散發魅力

人則會用高度的自律讓自己徹底放棄那些不雅的小動作，從而讓自己不失禮。

一個叫小鄧的女生有抖腿的習慣，她也知道這個行為很不雅。為了改正這個缺點，她時常讓身邊的朋友提醒自己：只要她一抖腿，朋友就會用手裡的檔案夾拍她一下；若有旁人，朋友就會咳嗽一聲。

不到一週，她抖腿的毛病就有了好轉。一個月以後，她的毛病完全改掉。所以，如果你不夠自律，在改掉某個小動作的時候，可以找一個「監督者」，最好是你的愛人，你的室友，你的父母或者和你關係親密的同事。你可以告訴他們只要看到你做這個動作，就不留情面地訓斥你，被訓斥幾十次後，你肯定能改過來。

不管什麼時候，情商高的女人都不會做出不合時宜的事情，更不會讓自己顯得沒有教養。她們即便在放鬆的時候，也不張揚、不肆意。在社交聚會中，她們會端坐在那裡，雙目注視著別人，偶爾晃動一下手中的杯子，看裡面的液體旋轉輕漾。她們的動作是自然的，絕不會誇張、炫耀。在公共場合，她們說話也絕對不會大聲，影響到別人。

青青是一個有教養的女人，在日常生活中非常注意自己的一言一行。與人交談時，她總是面帶微笑，但卻不會「渾身亂顫」。因為她知道，這樣的姿態不僅有損自己的形象，還會讓別

041

輯二　清醒而自知，是一個女人光而不耀的修養

人覺得她對人不尊重，甚至覺得她輕佻。她也從不抖腿或者晃腳，因為這種小動作會讓別人覺得她沒有修養。在公共場合，很多女人喜歡摳指甲和咬指甲，或是撩撥自己的頭髮。可是青青卻從來不會如此，她知道，這樣的動作固然可以讓自己減輕焦慮、恐懼的感覺，有時也會讓人覺得很可愛，但在公共場合，這個動作會顯得自己不大方、沒自信。

同時，只要是補妝、整理衣物，青青都會跑到洗手間，不會在大庭廣眾之下就拿出化妝包，開始描眉畫眼、塗脂抹粉。因為她認為這些行為都是失禮的行為……

總之，一個女人的教養就體現在生活的細節之中。在舉手投足之間散發出無與倫比的魅力，這也是一個女人修練情商的重要方面。

你沒有必要討所有人喜歡

文文是一個善解人意的女孩，她溫柔、熱情又善良，是朋友公司的新員工。我毫不含蓄地表示出了對她的喜歡，對朋友說：「這個小女孩實在太討人喜歡了，若我是男人，一定要娶她。」但朋友卻搖搖頭，說文文活得特別累，人緣也不好。

我不禁感到驚訝，如此善解人意的女孩，怎麼會人緣不好呢？

那天,我去朋友公司辦事,文文又是替我倒茶又是拿零食給我,還很體貼地找話題跟我聊天。我在心裡感嘆:「這女孩真是太為別人著想了,簡直讓人如沐春風啊!」可接下來的事情,卻讓我明白了朋友話中的含義。

當時,文文的一個同事接了一個電話,匆匆拿起一份檔案,說:「文文,我有事要出去一下,這個你幫我交到財務部去吧!」

文文立刻熱情地接過去,表示一定會做好,對方衝她笑了笑,道了聲謝就走了。文文放下手裡的工作,趕緊拿著同事的檔案去了財務部。

過了一會,另一個同事又讓文文在網路上幫她選購一本管理類圖書,文文原本手頭還有一項重要工作,但她還是答應了同事。

當文文精挑細選買好一本管理書後,沒想到那位同事一聽書名,臉色立刻沉了下來:「你怎麼選這本書?這本書實用性不太強,早知道不找你了,真是幫倒忙。」

好心幫忙的文文沒有得到一聲感謝,反而遭到了對方的責怪,我替她感到不值。可她卻一直低著頭,連聲道歉。此後,文文猶如犯了錯的孩子,拚命想彌補自己的過錯,一下午都小心翼翼地觀察著對方的動靜。

「瞧,她就是這樣。」朋友湊過來,低聲說道:「她太希望得到每個人的喜歡,生怕得罪了任何人,這樣累壞了自己不說,

輯二　清醒而自知，是一個女人光而不耀的修養

還失去了自我，只換來別人的不尊重。說實話，她的善解人意是建立在討好別人的基礎上的。這樣的女孩，企圖討好每個人，結果每個人都沒有討好。你說，她的人緣怎麼會好呢？」

生活中，像文文這樣「善解人意」的女孩真不少，她們心腸好，臉皮薄，寧願自己麻煩，也希望提供便利給別人；她們努力討好別人，想盡辦法滿足別人的要求。可到頭來，她們的好意並沒有被珍惜和尊重。

為什麼會如此？這是因為心理學上有一個「登門檻效應」，說的就是，一個人一旦接受了他人的一個微不足道的要求，為了避免認知上的不協調，或想留給他人前後一致的印象，就有可能接受對方更大的要求。

誠然，每個人都期望被別人喜歡，可是，如果想要得到全世界的認可，獲得所有人的喜歡，覺得不被別人認可就是自己做人的失敗，就是人生的災難，這確實會產生嚴重的後果，因為想要討好每個人，你忍不住為他人做所有事情，結果自己卻越來越不被珍惜和重視，越來越迷失自己，就像掉進一個無底洞。

所以，在人際交往中，我們應該在心中放一架天平，一邊是自己的生活，一邊是他人的生活，要保持平衡。對他人，要體貼，要關心，要幫助，但不能一味地討好他人，以致於失去自我。

更何況，這個世界上不是我們願意委屈自己，討好他人，就能被人喜歡。

我想起朋友經常掛在嘴邊的一句話：「我又不是新臺幣，能讓每個人都喜歡我；就算我真是新臺幣，抵不上人家更喜歡美金、歐元，所以，我才不會讓自己委曲求全呢。」

朋友是一個直爽的人，毒舌又犀利，驕傲又任性，她會非常乾脆地拒絕某個人，毫不留情地回敬他人的惡意。

面對文文，她時常勸解說：「有些人是取悅不了的，有點出息好不好，你就這麼缺人愛？」、「討好他人，卻無法讓自己快樂，這不是傻是什麼？更何況，討好他人，並不能體現你自己的能力和價值。你應該首先讓自己過得更好，帶給自己快樂的感覺和美好的生活，如此才能贏得別人的喜歡。」

文文感到不解，便問道：「如果我時常拒絕別人，是不是會得罪人，讓自己的人緣很差？」

朋友不以為然地說：「那你覺得我人緣差嗎？而你事事討好別人，人緣又好嗎？」確實，朋友的人緣比很多人都好，而溫柔、周到的文文卻沒有那麼好的人緣。

當你學會說「不」時，說一次，別人不高興，說兩次，別人很生氣，說三次、四次，你就會發現別人不再像以前那樣，他們根本不敢再露出不高興的神色，而是和顏悅色，和你接觸時，更尊重你與理解你，你的生活也將變得愉悅輕鬆。

輯二　清醒而自知，是一個女人光而不耀的修養

不必試圖去做一個讓人人都喜歡的人，你不滿足他人，不討好他人，人生也不會孤獨。當你不去做讓每個人都喜歡的女人時，也一定會有人很喜歡你。

追求自己的價值，
永遠不要停下前進的腳步

人們常說：「每一個成功的男人背後，都有一個偉大的女人。」這句話並不是說，女人應該生活在男人背後，做男人事業、生活的附屬品，只管好家庭和孩子，而是說女人應該與男人共同進步，一起成就偉大和成功。

當一個女人與男人一起前進和努力的時候，女人表現出來的智慧、勇敢，也會贏得男人發自內心的尊重和欽佩。

在歐巴馬（Obama）競選總統的時候，我們看到他的妻子蜜雪兒（Michelle），與歐巴馬一起打拚，發揮出了中流砥柱的重要作用。

當歐巴馬參加二〇〇〇年美國眾議院選舉時，芝加哥大學上司問蜜雪兒如何盡情投入助選，她回應自己已經探訪了許多家庭，從中收到很多寶貴意見。二〇〇七年五月，丈夫宣布參加總統選舉後三個月，她開始減少百分之八十的公職工作以全

> 追求自己的價值，永遠不要停下前進的腳步

力為丈夫助選。競選初期，她教導兩個女兒獨立，然後增加自己出席競選活動日數。二〇〇八年二月初，她於八日內出席了三十三場競選集會，幫助歐巴馬增加聲勢。

同時，蜜雪兒還僱用了全女性的助手團來為丈夫傾力助選。最終，歐巴馬成功當選為美國第四十四任總統。每每談及自己的成功，歐巴馬都會說：「我要感謝我的妻子，在情感上她是一個能夠傾訴衷腸的溫柔女人，在事業上她是一個理智果敢的夥伴，她提供了我很多寶貴的意見和建議。」蜜雪兒促成了丈夫的成功，也成為卓越女性的代表。

在婚姻中，最牢固的感情不是妻子以丈夫為天，全身心投入到家務、教育孩子之中，而是夫妻共同追求自己的價值，共同進步。

不管是婚姻還是戀愛，任何一段可持續的關係，都應該建立在平等的基礎上。如果兩個人開始不平等，人生觀、世界觀、價值觀都發生了偏差，那麼這段關係就會慢慢地失衡，直到最終破裂。試想，男人回到家想的是怎麼扭轉公司困境，而你卻在旁邊嘮叨今天的菜價又漲了，哪個超市打折了；男人的事業不斷發展，思想有了新的進步，而女人卻只停留在柴米油鹽中，連共同語言都沒有了，兩人感情怎麼能長久，生活怎麼能幸福？這樣的差異，必然會影響婚姻關係的穩定。當兩人的分歧越來越大，思想越來越遠時，婚姻和愛情也會走到盡頭。

輯二　清醒而自知，是一個女人光而不耀的修養

我認識的一對中年夫妻就是如此。兩人經歷了千辛萬苦才走到一起，結婚後男人打拚事業，而女人成了家庭主婦。

經過十幾年的打拚，男人成為一家企業的老闆。而女人呢？由於兒子已經是高中生，平時住校，她一個人每天除了在家做做家務，剩下的時間就是打麻將。

一次閒聊時，說到妻子的情況，這個男人「唉」了一聲：「哎，她現在一天到晚就知道打麻將！」

我說：「嫂子多有福氣，你這麼能幹，什麼都不用她操心。」

男人又嘆了一口氣，帶著一絲抱怨的語氣說道：「我倒是希望能讓她操心，可是這麼多年了，她不出家門，不讀書、不看報，什麼也不學，什麼都不懂。說實話，現在我們連正常溝通都很難。哪像你們，能寫會算，見多識廣，放到哪裡都行。」

或許很多人會認為這個男人沒有良心，女人為了他和家庭犧牲了自己的青春，放棄了自己的事業，換來的卻是他的嫌棄。

但是我們又不得不承認，男人的話說得並沒有錯。因為這位妻子已經放棄了自己，不再努力讓自己進步，不再渴望與丈夫「心意相通」。當丈夫努力打拚事業的時候，她把全部時間花在做家務、打麻將上，而不是充實和提高自己。簡單來說，這個女人已經跟不上丈夫的腳步，根本就不是一個層次上的伴侶了。

這是因為，現代社會競爭激烈，生活壓力巨大，導致越來越

多的男人對女人的期望不再僅僅是「上得廳堂，下得廚房」，他們更渴望對方能與自己共同奮鬥、共同進退，並且能夠在「三觀」上與自己相匹配。

所以，想要婚姻長久，想要生活得漂亮，那麼除了愛情之外，女人還必須和男人形成一種「密不可分」的同袍關係。即便是做家庭主婦，也不能整天沉浸在生活瑣事、吃喝玩樂上，而應多與社會接觸，學習新鮮的知識，更新自己的思想，不讓時代和社會拋棄。

你的溫暖就像陽光，暖了別人，也照亮了自己

溫暖是一個平實而又讓人倍感親切的詞語，但不是一個狹隘的詞語。生活中，讓人感到溫暖的人和事物有很多。一個微笑可以給人溫暖的感覺，一個擁抱可以給人溫暖的感覺，它們都能夠給人力量，讓人感覺舒服、惬意。

能讓人感到溫暖的女人，無論是說話還是辦事都充滿愛。她們善解人意、溫婉和善、處世平和，深受人們尊重和喜愛。

很多人都喜歡劉若英，她並不是最漂亮的，不是最溫柔的，不是最活潑的，是最不像明星的明星。她總是笑嘻嘻的，沒有

輯二 清醒而自知，是一個女人光而不耀的修養

多大脾氣，對待記者也很客氣。

劉若英雖然是個歌手、演員，但很多人都會覺得她就像生活中的自己，她會讓你想到《人間四月天》裡的張幼儀，還有那個大聲歌唱「想要問問你敢不敢，像我這樣為愛痴狂」的勇敢女孩。

若要用一個詞語來形容劉若英的魅力，「溫暖」二字再合適不過了。人們喜歡這個真實的女子，並親切地稱呼她為「奶茶」——冬日裡的奶茶溫熱了手，溫暖了心。

能讓人感到溫暖的女人，才是真正有魅力的女人。一個溫暖的女人總是吸引著你去靠近她，你對她的渴望就像春天渴望陽光，冬天渴望爐火。一個溫暖的女人總是能夠給人鬆弛感，從不咄咄逼人，總能讓人感受到鼓勵。一個溫暖的女人，是懂得為他人考慮的人，說出的話同樣也是溫暖的，能夠為別人的心靈加溫。

一個女人的溫度來自她的心靈，同樣的一句話，溫暖的女人說出來，就會讓人如沐春風。

阿英是個剛進入社會的職場新人，她的頂頭上司是為人刻板，對下屬要求極其嚴格的女經理石小姐。石小姐是公司的元老級人物，在公司裡也算有話語權的人，因此即便是其他部門與她同級的經理，對她也都有幾分尊重。

> 你的溫暖就像陽光，暖了別人，也照亮了自己

因為初入職場，阿英在工作上難免犯錯，所以每週都會被石小姐叫到辦公室訓一頓，為此她憋悶不已。

阿英的表姐知道她的情況之後，便為她出了個主意：「我覺得你那個上司石小姐不是什麼壞心眼的人，只是性格比較嚴肅，所以才會對你的某些做事方式看不順眼。而且她雖然教訓你，卻從來沒在工作上故意刁難你，可見她是個公私分明的人。以後你就多說點好話，多在背後誇誇她，你們的關係一定會改善的。」

聽了表姐的建議之後，阿英在同事面前開始經常說石小姐的好話，稱讚她是個有責任心的主管，工作能力一流。每次石小姐訓斥完阿英之後，阿英也會誠摯地反省自己的錯誤，並感謝石小姐對她的指點。漸漸地，兩人的關係有了很大改善，阿英發現石小姐身上的許多優點，而石小姐有時也會對阿英表示稱讚。

到年底的時候，阿英不僅順利度過了試用期，還在石小姐的推薦下成為公司第一個升遷的新職員。

俗話說：「良言一句三冬暖，惡語傷人六月寒。」好聽的話就如同拂面而來的春風一般，總能讓人心情舒暢。而語言的溫度來自人性的溫度，一個懂得體諒他人，為他人考慮的人，必然不會隨隨便便就說出傷人的話語。更重要的是，溫暖的力量是雙向的，當你給予對方溫暖的時候，不僅能讓對方舒服、開

051

輯二 清醒而自知,是一個女人光而不耀的修養

心,你自己也將變得越來越開心快樂。

有人說:「溫暖,是一種人格,一種文化,一種修養,一種優雅,一種美好情趣的外在表現。」溫暖的女人,不會因為尊貴的出身、高等的學歷、美麗的臉龐而盛氣凌人,也不會因為一件小事喋喋不休,她們骨子裡有一種親和力,這種親和就是尊重他人、不媚不俗、寬容隨和、通情達理,她們熱情又充滿自信,臉上總帶有淡淡的微笑,瀰漫著屬於自己的獨特魅力。

做個讓人感覺溫暖的女人吧!培養溫暖的特質,並且把它轉化成內在的修養,如此一來,你的溫暖就可以像陽光一樣,不僅可以暖了別人,還可以照亮自己的人生。而所有人都會因為你溫暖的強大氣場,願意和你交往!

氣質是智慧的沉澱,女人不能不充實自己

海倫・凱勒(Helen Keller)說過:「一本新書就像一艘船,帶領著我們從狹隘的地方,駛向生活的無限廣闊的海洋。」讀書不僅可以增長女人的學識,開拓女人的眼界,還可以讓她們學會正確的為人處世方式,舉手投足之間都彰顯女性的優雅和內涵。

喜歡讀書的女人,在為人上不會顯得尖酸刻薄,而是大方

> 氣質是智慧的沉澱，女人不能不充實自己

明理，有內涵、有修養。在遇到事情的時候，她們也不會驚慌失措，能夠運用所學的知識，運用自己的智慧，將問題妥善解決。

說到這裡，突然想到以前看過的一則古代故事，雖然年代久遠，主角與我們今天看到的那些優雅女人距離有點遠，但她豐富的內涵彰顯出的女性魅力，依然值得當代女人學習和效仿。

這個故事的主角就是許允的妻子阮女，當時和諸葛亮的妻子黃氏齊名，是著名的醜女，也是家喻戶曉的才女。

魏明帝時期，官員阮伯玉之女嫁給名士許允為妻。阮女擅長吟詩作賦，善良賢惠，可謂是德才兼備，但她相貌不佳。許允在入洞房時，得知自己娶了一個醜女，一怒之下離開了洞房，搬到書房居住，聲稱不會再進阮女的房間。儘管家人百般勸告，但許允仍是不肯同意。

幾日後，阮女在窗前讀書時，忽然聽說有客人拜訪相公。侍女檢視後稟報，是許允的好友沛郡桓範，兩人經常書信來往。侍女擔心地說：「如今老爺獨居書房，把您當作是陌生人，實在沒有道理。此次，桓相公又來見老爺，倘若再評論或是責罵夫人，恐怕老爺更不會進房間了。」

阮女沒有在意，反而微笑著說道：「不必擔心，桓相公不是那樣的人，他定會勸老爺進來看我的。」侍女並不相信。果然，桓範聽了許允的訴苦後，勸道：「阮家肯將女兒嫁給你，自然對你有情義。聽聞阮女雖然並不美貌，但才德過人，你千萬不能

053

> 輯二　清醒而自知，是一個女人光而不耀的修養

因為夫人的小缺點而忽視了她的才華和德行啊，更不要辜負了阮家的苦心啊。」無奈之下，許允只好進了新房。

阮女看到丈夫進來，心中大喜，正準備起身迎接的時候，卻看到許允沉著臉。這時候，她心裡又痛又氣，卻還是耐住性子拉住丈夫的衣襟，低頭說道：「既然你我已成婚，就是百年夫妻，理應朝夕相處，相敬如賓。你怎麼能長期居住在外屋，剛來就立即走呢？」

許允本就很生氣，看到阮女拉住自己不讓出門，更加生氣：「德、容、工、言，女人應該有的四德，你具備了哪樣呢？」阮女抬起頭來，從容答道：「我除了容貌不太好，其他的什麼都沒缺少。那麼請問，這世上的各種德行，夫君又具備了哪樣呢？」許允毫不猶豫地說：「百行皆備。」

阮女聽到這番話，正色地說：「百行之中，以道德為首。你以貌取人，好色不好德，第一行就不具備，又怎麼能說百行皆備呢？」阮女的義正詞嚴讓許允啞口無言，備感慚愧。阮女見丈夫有悔悟之意，心中暗喜，便請他入座，吩咐下人擺酒取菜，與其對飲。許允發現夫人言語溫柔，德才兼備，兩人和好。

後來，許允被皇帝冤枉結黨營私時，幸好阮女提醒他「明主可以理奪，難以情求」，才讓許允贏得了皇帝的信任，保住了官位。之後，許允對夫人的才德佩服無比，再不嫌棄她樣貌醜陋了。

> 氣質是智慧的沉澱，女人不能不充實自己

阮女最終能夠贏得許允的認可和佩服，全在於她的良好內在修養以及出眾的才華德行。在「女子無才便是德」的年代，她的學識不亞於丈夫，甚至超越了當時的諸多男人。面對丈夫的質問，她能夠對答如流，她所說的每句話都讓人無法挑剔。

俗語說：「腹有詩書氣自華。」女人書讀得多了，氣質自然會好，這是一個潛移默化的過程。用知識豐富自己的頭腦，才可能對事物的認知有獨特的見解，才可能透過事物的表象看到本質。

讀書的女人，就是和普通的女人不一樣。她們的眼界和思想都與眾不同，有自己的主張和見解。遇到事情的時候，她們能夠更全面、更細緻地分析問題。當自己的利益受到威脅的時候，她們能夠採用正確的手段保護自己。

所以，女性朋友們，多讀點書吧，不斷充實自己！唯有如此，你才能擁有足夠的智慧，成就不凡的氣質。

輯二　清醒而自知，是一個女人光而不耀的修養

輯三
能控制好情緒的女人，才能控制人生

女人是感性的，情緒比較波動，容易受到外界影響，這是正常又合乎人性的。情商高的女人卻特有一種理性，她們總能及時將情緒「收」、「轉」、「放」，始終呈現良好的狀態與形象，做出理智和正確的決策，也能借用自己的力量調節集體的氛圍，人生也會優雅從容。

輯三　能控制好情緒的女人，才能控制人生

沒人會為難一個愛笑的女人

　　曾流行一句話：「愛笑的女人最好運。」女人，因微笑而美麗，因微笑而幸運。這並不是說，愛笑的女人，命運之神就會眷顧她，讓她的人生沒有坎坷和磨難；而是說，愛笑的女人，因為心裡充滿了陽光，她什麼時候都正向又樂觀。

　　在美國一座山上有一間特殊的房子，這座房子是完全用自然物質搭建的，不含任何的有毒物質，房子裡面的空氣都是人工灌注氧氣。一個女人生活在其中，只能靠傳真與外界進行聯繫。為何她會過這樣的生活呢？

　　二十年前的一天，她拿起家中的殺蟲劑準備消滅蚜蟲的時候，不料被殺蟲劑內的化學物質破壞了全身的免疫系統。從此，她對一切有氣味的東西比如香水、洗髮精等都過敏，連呼吸也可能會導致她患上支氣管炎。

　　這是一種慢性病，目前無藥可醫。在患病的前幾年中，她睡覺時常流口水，尿液也漸漸地變成了綠色，身上的汗水與其他排泄物還會不斷地刺激她的背部，最終形成疤痕。

　　為了讓心愛的妻子繼續好好活下去，她的丈夫以鋼筋與玻璃為材料，為她蓋了這個無毒的空間。這是一個足以逃避所有外界有味物質威脅的「世外桃源」，她日常所有吃的、喝的要經過仔細的選擇與處理，不能含有任何的化學成分。

沒人會為難一個愛笑的女人

　　住進去以後,她只能躲在無任何裝飾物的小屋裡,再沒有見過一棵花草,再沒聽到過悠揚的聲音,更沒有機會感受陽光、流水等。她飽受孤獨之苦,心裡難過極了,但又不能放聲大哭,因為她的眼淚和汗水一樣,都有可能成為威脅到她健康的毒素。

　　「既然不能痛哭,那就選擇微笑吧!」堅強的女人這樣對自己說。她在微笑中堅強,在微笑中自立。在這個寂靜的無毒世界裡,她不僅要與外界的一切有氣味的物質相抗爭,還要與自己的精神抗爭。

　　十年後,這個女人在孤獨中創立了主要致力於化學物質過敏症病變研究的「環境接觸研究網」;隨後,她又與另一個組織合作,創立「化學傷害資訊網」,引導人們關注和規避化學物品的威脅,並得到美國國會、歐盟及聯合國的大力支持。

　　「不能痛哭就選擇微笑吧」,這看似是個無奈的選擇,實則是她在歷經磨難後的豁達和樂觀。她用自己的親身經歷告訴我們一個人生的真諦:生活中傷痛在所難免,逃避是沒有任何作用的,與其哭著承受這一切,不如微笑著面對。

　　人生不如意之事十有八九,每個女人都會經歷一些不如意:失戀、疾病、災難⋯⋯我們可以難過、悲痛、心碎,但是卻不能讓這些過於持久,讓這些困住自己前進的步伐。因為越是呻吟,越是哀嘆,越是怒吼,內心就越傷痛,逐漸失去了快樂的能力。

輯三　能控制好情緒的女人，才能控制人生

　　事實也證明，生活不會為難一個愛笑的女人，只要我們學會微笑，無論面前有多大的困難，都有迎刃而解的一天。

　　法國著名女演員莎拉・伯恩哈特（Sarah Bernhardt）便是微笑著面對自己的人生。

　　在從藝的幾十年裡，莎拉・伯恩哈特是法國著名的女演員，也是全世界觀眾最喜愛的演員之一。莎拉・伯恩哈特長得美，而且很愛美，但在七十一歲那年，她在一次橫渡大西洋的旅途中跌倒在甲板上，腿因此受到重傷，後來又得了靜脈炎和腿痙攣。她的腿必須鋸掉。醫生擔心愛美的莎拉無法接受，所以不知該怎麼說好。當他硬著頭皮吞吞吐吐地說出這件事時，沒想到莎拉微笑著說：「沒關係，按你說的做吧。」

　　在可怕的截肢手術之前，莎拉一直背誦自己演過的一場戲中的臺詞，那是一段很歡快的臺詞。有人問：「你這樣做是不是為了為自己打氣？」莎拉回答道：「當然不是的，我這是為了讓醫生和護士們沒有壓力，讓他們高興起來。」她還微笑著安慰在一旁哭泣的兒子：「不要擔心，我一會就出來。」

　　手術結束後，莎拉並沒有因為失去了右腿而悲傷，相反地，她每天都很快樂地生活著。在這種樂觀的生活態度下，她很快就恢復了健康。接下來，她一如既往地環遊世界，活躍在舞臺上。在第一次世界大戰期間，她甚至奔赴前線表演，向眾人展示了她那迷人的風采，傳遞了她那快樂和堅強的勇氣。

試問，誰能拒絕這樣快樂又美麗的女人呢？！

微笑，是情商高的女人讓自己活得更優雅、更堅韌的智慧。面對生活的苦難，她們能夠發自內心地微笑，並且努力地用笑容感染身邊的人。

生命的意義與目的，在於無限地追求快樂和避免傷痛。當一個女人學會微笑，用微笑面對一切，她會驚喜地發現，在不久的將來就能看到燦爛的晴天。

有時候，「糊塗」是種大智慧

藍原是某公司的行政主管，休完三個月的產假，再回公司後，卻被主管調為辦公室主任。這一調整看似職位沒有升降，但工作的性質卻發生了翻天覆地的變化，因為辦公室主要負責內勤工作，簡單又繁瑣，而行政則涉及應徵、人員調整等各方面的重要工作。

按理說，藍只休了三個月產假，並沒有太耽誤工作，主管不應該把她調職的。她後來才知道，原來有一位同事趁她在家休假的時候，在主管面前告了她一個狀，說她平時就是一個很顧家的女人，有了孩子後會更容易分心。果然，主管對此心生忌憚，便把她調換到有職無權的職位，而那個同事則趁機坐上了藍原來的位子。

輯三　能控制好情緒的女人，才能控制人生

　　所有的朋友都為藍感到不值，其他和她相熟的同事也為她不平，幾個人甚至還慫恿她找主管和同事理論，為自己討一個說法。然而藍並沒有如此，而是淡淡地說：「就讓這件事情過去吧，我何必計較呢？好好做好工作就是了。」所有人都對她的行為感到不解，說她是個「糊塗蛋」、「膽小鬼」。

　　在接下來的工作中，藍始終保持一種愉悅的心態，對工作更加認真負責，遇到業務繁忙的時候，她還會主動提出加班。沒過多久，她就把辦公室的工作做得井然有序，為其他部門提供了巨大幫助。

　　當然，主管把這一切都看在心裡，也被藍的盡職盡責、不爭不搶所感動。沒過多久，主管就替藍升了職，作為行政部和辦公室的總負責人，薪水也比之前提高很多。

　　藍在職場能重新獲得成功，就是因為她不計較、不爭搶。她表面糊塗──被別人排擠，卻不懂得反抗。可事實上，她卻是一個具有智慧的女人，因為她知道只有讓主管看到自己的價值，才能再次贏得尊重和信任。

　　三分流水二分塵，女人很多時候要學會「糊塗」。當然，這裡所說的「糊塗」，並不是是非不分，沒有原則，而是一種看破不說破的睿智──凡事沒有必要非弄個水落石出，也不必凡事都要爭個明白。將心胸放寬一些，尤其是對於一些根本無傷大雅的小問題，做到寬容大度，不爭不搶，如此會減少很多的煩

惱和憂愁。

　　說到這裡，我想起一位「糊塗」的老人。這位老人將近百歲，每一天都生活在快樂之中。在她的世界裡，似乎從來沒有發生過不快樂的事情。當然，這份快樂使她成為朋友圈中最受歡迎的人，儘管她不夠美麗，而且早已滿頭白髮、皺紋橫生。

　　有一次，有人問老人：「我看到您每天都很快樂，您的生活中一定事事都如意吧？請問您有什麼祕方嗎？」

　　這時，老人說：「裝聾作啞。」

　　人們都不能理解這句話。

　　老人笑了笑，接著說道：「你看，我兒子、孫子、曾孫都有了，有的挺喜歡我的，摟著我脖子，和我說說笑笑；有的孩子淘氣，惡作劇地拽我的耳垂，還拽我下巴上的贅肉，我也挺高興；有的也煩我，說這個老不死的。我聽見好幾次了，但我跟沒聽見一樣，誰愛說誰說，不計較，不氣惱，自然快樂長壽。」

　　是啊！不計較，不氣惱，就是老人長壽的祕訣，也是每一個女人幸福的祕訣。

　　然而，生活中大多數人想做聰明的人，不願做一個糊塗蟲。遇到問題，很多人非要分辨得一清二楚，非要和別人爭個是非對錯，恐怕自己吃虧、上當。到頭來，反而被自己的聰明和計較所累。

輯三　能控制好情緒的女人，才能控制人生

　　李菲是一個非常優秀的女人，聰明伶俐，人長得漂亮，家庭條件也不錯，還嫁了一個很帥氣、很有能力的老公。在工作中，她思維敏捷，工作能力強，特別受主管的器重和讚賞。

　　去年，公司的創意總監職位出現了空缺，這是李菲一直心儀的職位，她更積極地工作，希望能順利升遷。可令人沒有想到的是，後來升遷的卻是另一位同事。這位同事的能力並沒有比李菲高多少，但比李菲更懂人情世故，所以內部投票時，對方最終勝出。

　　這樣的結果讓李菲感到非常不滿，於是私下開始四處調查。透過一番調查，李菲得知部門一位主管向上級力薦了這位同事。

　　李菲嚥不下這口氣，想要為自己討一個說法，更想讓所有人知曉事情的真相。所以那段時間，她到處傳播謠言，鬧得公司上下流言蜚語，人心惶惶。最終因為破壞公司團結，李菲被辭退了。

　　同樣是因為同事排擠而失去職位，藍和李菲的結局卻大相逕庭。為什麼會這樣呢？就是因為兩人看事情的心態不同，控制自己情緒的能力不同。

　　現在社會充滿了各種矛盾，把自己的聰明深深地藏在「糊塗」之中，坦蕩豁達，不過於糾纏，不過於較真，這是一種智慧，也是一種修養。很多時候，糊塗之態做得好，勝過百倍聰明。女人可以聰明，但是不要太精明。太過於精明，就會較真、

敏感,就會變得不那麼可愛。

人們常說,水至清則無魚,人至察則無徒。睜眼看美景,閉眼消無奈。所以,女人不僅要聰明,還要學會「糊塗」,這才是真正的大智慧、高情商。

與其嫉妒別人,不如提升自己

嫉妒可以說是人類最普遍的情緒,也是人性特點中最糟糕的情緒。而女人是最容易嫉妒的,嫉妒同事升了職,嫉妒同學買了房,嫉妒朋友有了男朋友⋯⋯凡是別人比自己好、比自己強,女人都會滋生一定的嫉妒心理。

嫉妒確實很普遍,但是並不是說,我們可以任由嫉妒蔓延。一旦任憑嫉妒心理占據我們的內心,不僅會傷害到別人,還會使自己痛苦不堪。

安爾莎是一個普通的女孩,出生於美國加州某小鎮,是當地的一家小型圖書館的管理員。她每天的工作內容就是整理書籍,負責讀者的借閱,有時候還要修補損壞的圖書。由於圖書館規模小,利潤也不太高,所以員工的薪水普遍不高。

在這裡工作的大部分職員看到圖書館的館長經常有機會參加一些行業內的活動,關鍵是還能藉此機會外出旅行時,嫉妒

輯三　能控制好情緒的女人，才能控制人生

的情緒不知不覺滋生。這樣一來，她們越來越不喜歡工作，總抱怨說：「館長什麼都不做就有高薪，為什麼我們要累死累活。」

但是安爾莎卻從不說這樣的話，因為她不認為這種酸溜溜的話能夠改變自己的境遇。而且在她看來，館長之所以能享受那麼好的待遇，完全是因為他具備更強的能力。正如她在日記中所寫的：「你不是不服氣嗎？你就努力做啊，多表現自己的能力出來啊。你嫉妒別人，說明你還不行，可是，你為什麼不行？你是真的不行，還是根本就沒有努力過？你應該證明給你自己看。」

不去嫉妒比自己強的人，而是努力把工作做好。和別的職員不同，安爾莎更加努力地工作，沒幾年她就成了副館長。館長每次外出都帶著她，有什麼重要任務都交給她，她成了同事們嫉妒的一個人。她說：「現在，我和館長已成了好朋友，因為我們的專業相通，愛好相近，我們有很多話可以溝通，我真的覺得他是一個很優秀的人，不過，我也很棒。」

安爾莎憑藉認真工作，讓自己獲得了回報，而其他職員卻因為嫉妒而一直生活在負面情緒裡，最終也只有被這種情緒無休止地折磨。她們感到非常痛苦，嫉妒安爾莎得到了提升，嫉妒她和館長可以做輕鬆的工作，可以外出旅行。可是，她們卻無法消除這種痛苦的情緒，以致於處於焦躁不安、怨恨煩惱的狀態之中。

看吧，嫉妒過了頭，對自己產生的作用就是負面的。一旦

> 與其嫉妒別人，不如提升自己

被這種情緒包圍，我們就將被它折磨得身心疲憊，萬分痛苦。與其他同事相比，安爾莎是聰明的，她沒有讓自己的嫉妒情緒肆意增長，而是把它轉化為努力的動力，不斷提升自己，獲得了回報。

正如一位心理專家所言：「解決嫉妒問題的根本方法，就是自己也成為一個優秀的人。」當達到這種狀態的時候，嫉妒就會不知不覺消減，因為自己的人生，已經在這個過程中實現了一定的價值。

況且，這世上人外有人，天外有天，比你強的人數都數不過來。若嫉妒的話，你其實根本嫉妒不過來。既然如此，不如換個角度思考問題，想一想別人的長處，也許你會成為另一個更優秀的自己。

然而，有的女人被嫉妒迷住了雙眼，以致於毀掉了自己的生活。

李思是一個生長在鄉村的女生，透過努力學習，好不容易考上了一所大學。畢業後，由於競爭太過激烈，李思一直找不到工作。無奈之下，她只好回到家鄉。

回到家鄉後，她依靠家裡的關係進了國小任教。可是這份工作，李思做得不舒心，因為主任很少表揚她，學生們也不熱情。而同事小華因為講課水準高，對學生們熱情，時常受到同學們的稱讚和校長的表揚。這讓李思嫉妒不已，總是憤憤不平。

| 輯三　能控制好情緒的女人，才能控制人生

　　當時李思和小華同住一個宿舍，但李思從不和小華說一句話，有時小華主動和她說話，她也是一副愛理不理的樣子。而且，只要小華稍有差錯，她就立刻去找主任告狀。

　　比如，當得知小華正在和一位男老師談戀愛時，她就指出小華這樣做會對學生們產生不良的影響，結果主任罵了小華。當然，這樣做的李思也沒有感到快樂，她越來越覺得自己是個心理陰暗的人，被折磨得睡不著覺。最後，由於上課時心不在焉，學生們成績非常糟糕。在年終考核的時候，李思的綜合成績倒數第一，被學校開除了。

　　試想，若是李思把心思花在提升自己上，而不是因為嫉妒而排擠同事，會有如此的結果嗎？

　　一個心存嫉妒的人，如懷揣著一條毒蛇，牠咬到的恰恰是你自己。所以，女性朋友們一定要懂得克制自己的嫉妒情緒。當我們產生了嫉妒情緒的時候，不妨先想想他人為什麼會成功，他人為什麼獲得的東西會比你多。事實上，別人會成功是因為他們付出的努力比你多，承受的壓力比你大；別人會獲得更多，是因為他們擔負的責任比你重，時間都花在更重要的事情上，而不是放在嫉妒別人上。

　　與其嫉妒別人，不如努力提升自己。這是我給所有女人的一句忠告，因為你終會發現，自己長本事比嫉妒別人的感覺要好很多。

拿得起是勇氣，放得下是智慧

　　她在三十四歲就做了某企業的副總，有很好的前途。但就在她職場順遂的時候，因為某個部門的一次重大失誤而被牽累，不得不引咎辭職。

　　這樣的結果對於任何人來說都是巨大的打擊。不過，她卻平靜地回到鄉村，在自家的小菜園種菜、施肥、捉蟲，過起了平民百姓的平淡生活。家人看到這個情形都心急如焚，勸她說：「你這是在做什麼呀？工作都沒有了，怎麼還有心情做這些事啊？」

　　她卻不憂不怨地說：「對昨日發生的事情耿耿於懷，只會讓自己陷於無盡的悔恨和愧疚之中，而且白白浪費今天的大好時光！」

　　之後，她身邊不再是一些生活在都市的人士——下屬、客戶、官員，而是一些淳樸的鄉里人。她與人討論的話題也不再是市場、業績，而是如何照顧好自己的菜園，什麼時節該播什麼種子等。很快，她和鄉村的人交起了朋友，同時還把收集民間陶器作為自己的愛好。

　　七八年過去，她成了遠近聞名、令人羨慕的收藏大師，收集了幾十件頂級民間珍寶，每一件都價值上百萬。

　　這個世界上，為什麼有的女人活得幸福、輕鬆，而有的女人卻活得痛苦、沉重？就是因為前者看得開、放得下，而後者

輯三　能控制好情緒的女人，才能控制人生

把什麼都看得太重，什麼也不願意放下，結果讓自己徒增很多重擔。拿得起，放不下，看不開，所以人生變得越來越沉重、不快樂。

生活中很多女人喜歡抱怨人生有多麼不容易，生活有多麼令人煩躁不安。仔細觀察，就會發現，她們是糾結於曾經遇到的人和事，或者正在經歷的人和事，自己喜愛的放不下，自己不喜歡的，也放不下。

她們不明白的是，人生的路上需要經歷很多事，如果我們總是為一些已經過去的人和事痛心、糾結的話，一路走來，怎麼能保持輕鬆狀態呢？怎麼能獲得幸福和快樂呢？

一位心理醫生曾接待過一位女士，她是一位海歸研究生，工作很出色，可以說是年輕有為。不過，最近她心頭總有一片烏雲籠罩，時常感覺喘不過氣來。

心理醫生詢問了這位女士一些問題，才了解到她焦慮不安的原因。原來，這位女士原本有很大的希望被晉升為市場部總監，可卻因被競爭對手指出了她以前工作中出現的失誤而沒有得到晉升，她的內心因此埋下一個疙瘩，怎麼也解不開。

醫生了解事情原委之後，並沒有直接告訴她應該怎麼做，而是走到辦公室外面拿來一個橡皮筋和一個砝碼。他坐回座位，把那個砝碼掛在了橡皮筋上面，拎起了橡皮筋，可能是由於砝碼太重，也可能是因為橡皮筋太細，眼看著橡皮筋就要繃斷了。

> 拿得起是勇氣，放得下是智慧

　　這位女士不知道醫生為什麼做出如此怪異的舉動。這時候，醫生問道：「你的競爭對手升遷了嗎？」女士搖了搖頭。

　　醫生繼續問：「現在請你告訴我，她說的是事實嗎？」女士有點不好意思地低下頭，小聲說：「應該有一半是事實吧。」

　　聽到這裡，醫生微笑著說：「她沒有升遷，還幫你指出了錯誤，儘管她動機不純，但結果畢竟對你有利無害嘛。所以，你應該感謝她才對呀！以後你若能改正錯誤，把事情做得更好，豈不是對你的工作更有幫助呢？」

　　隨後，醫生摘下砝碼，橡皮筋立即恢復原狀。他把橡皮筋遞給那位女士，並解釋道：「橡皮筋雖然被砝碼牽扯過，但現在它仍能恢復到原樣，是因為它具有彈性。其實，你也是完整無缺的『橡皮筋』啊！」

　　聽完這句話，那位女士陷入沉思，很快便恍然大悟：「的確如此，那個競爭對手並沒有因為背後搞小動作而升遷，還歪打正著地指出我的問題所在。那麼，自己還有什麼必要為此而煩惱呢？解決了問題，豈不是能讓自己變得更好？」

　　對於別人的暗中使絆，放得下、看得開的確挺難，可這也體現了放下的可貴，不是嗎？

　　人生最難得的態度就是拿得起，放得下。拿得起是一種勇氣，而放得下則是一種氣度和智慧。只要我們不再只想著擁有，不再把得到看成理所當然，便可以讓自己放平心態，真正

輯三　能控制好情緒的女人，才能控制人生

學會看得開，拿得起，放得下。嘗試著不再糾結於無關緊要的瑣碎，不再糾結於得不到的，自然可以掌握最重要的東西，從而贏得人生的精采。

心若平和，便是晴天

高情商的女人最寶貴的智慧在於有一個平和的心態。這讓她們有足夠的能力控制自己的情緒，就算是被冒犯、被錯怪、被辜負、被傷害，也不會任憑怒氣沖毀自己的理智，做出有失分寸、儀態的事情。

或許有人會說，人都是有七情六欲的，連喜怒哀樂都不能隨心表達，過得也太累了吧。可我們也應該明白一個道理，一個人如果連自己的情緒都控制不好，怎麼能有能力去掌握自己的人生，又怎麼能與人好好相處呢？

說到有平和心態的女性，趙雅芝可以說是當之無愧了。

從影三十多年，她從來沒有在媒體面前發過脾氣，總是溫柔優雅。無論在什麼時候，無論面對什麼人，她都表現得心平氣和。

對於如何保持平和的心態，趙雅芝曾經說過：「我也是人，也有生氣的時候，難過的時候，但是我覺得女人一定要控制自

己的情緒,因為發脾氣不僅沒有任何效果,還傷了自己的身體,也傷了別人的感情。這是一件划不來的事情。」擁有美麗的容顏,再加上良好的情緒控制能力,這就不難理解為什麼趙雅芝能夠成為人們眼中最美麗的女人了。生活是瑣碎的,可正因為如此,心態平和就顯得更加重要了。因為平和的心態,可以讓女人面對生活中的煩惱、紛爭、痛苦;因為平和的心態,可以讓女人微笑著面對眼前的困難,從而努力地改變現狀;更是因為平和的心態,可以讓女人控制自己的情緒,不讓壞情緒隨意、肆意爆發。

女人很容易因為別人的傷害而憤憤不平,因為繁雜瑣事而焦躁,因為嫉妒、抱怨、憎恨而失去了理智。但這不意味著女人就應該讓壞情緒主宰自己,讓壞情緒的爆發擾亂自己正常的生活。這不僅是不成熟的體現,也無法在別人心目中留下美好的印象。

曾經在一輛公車上遇到這樣的情景:

一個年輕女孩手裡拿著一張地圖研究了半天,問售票員:「你好,我想去體育館,應該在哪一站下車?」

售票員是個中年大姐,頭也不抬地說:「你坐錯方向了,應該到對面往回坐。」她接著說了一句話:「拿著地圖都看不明白,還看什麼啊!」

年輕女孩也不示弱,伶牙俐齒地回擊道:「我看不明白地

輯三　能控制好情緒的女人，才能控制人生

圖，但我比你有水準。」

這句話可惹怒了售票員，她站起來指責道：「你這個女孩子怎麼講話呢？你對你父母也這麼說話嗎？」

見兩人馬上就爭吵起來，旁邊有個大爺站出來做和事佬，說：「不就是坐個車嗎？至於這麼大火氣嗎？女孩，你不用往回坐，再往前坐四站換車也可以到體育館。」

年輕女孩見大爺好心幫自己就沒有說什麼，轉身準備下車。可售票員依舊不依不饒，嘟囔了句：「現在的年輕人呀，沒一個有教養的！」

年輕女孩的火氣又被激了起來，大聲喊道：「你說誰呢？年輕人怎麼了？哪像你一把年紀了，看著挺慈祥，連一句話都不會好好說。」

售票員繼續反駁道：「瞧你那樣，打扮得不三不四，一看就不是什麼好人，估計你父母也管不了你！」

後來，兩人居然扭打起來，旁人好不容易才把兩人拉開。

可以說，年輕女孩和售票員都不是能夠控制自己情緒的人，因為一點小事就爭執起來，甚至還引發了肢體衝突。若是售票員在女孩問話時，好好地說話，而不是一而再、再而三地諷刺、指責，若是年輕女孩火氣不是那麼大，不一句句地反駁、回嗆，這衝突也就不會發生了。

生活中總是有很多這樣的人，一旦遇到讓自己不愉快的事

> 心若平和，便是晴天

情就情緒失控，恨不得把自己的怒火全部發洩出去。結果不僅於事無補，反倒會讓處境越來越糟。沒有人會喜歡一個動不動就歇斯底里的女人，這樣的女人注定無法讓自己快樂，獲得生活的幸福。

一個女人只有控制住自己的情緒，讓自己的內心平靜下來，才能有正確的判斷，理智的選擇。一個人越是無法控制自己的情緒，就越容易暴露缺點，被對手找到弱點。

網球女運動員沙芬娜（Safina），在世界女子網球運動中曾排名第一，但每到決戰時卻經常發揮失常，這讓很多人都迷惑不解。

原來，年紀輕輕的沙芬娜看起來自信、霸氣，但卻沒有足夠的自控能力，時常因為賽場上的得分或失分表現得或興奮，或失落，甚至歇斯底里地摔壞網球拍。

情緒失控讓她很難發揮正常水準，也給了對方可乘之機。沙芬娜的情緒越是表現得極端，對方就越是冷靜。在羅蘭加洛斯，沙芬娜曾被塞爾維亞美少女伊凡諾維琪（Ivanovic）直落兩盤，後來在澳洲網球公開賽上僅堅持一小時就倒在了小威拍下，接著是0：2不敵同胞庫茲涅佐娃（Kuznetsov）……

詩人泰戈爾曾經說過：「內心的平靜是智慧的珍寶，它只會跟智慧一樣珍貴，比黃金還令人垂涎。」不管任何時候，女人都應該控制自己的情緒，心若平和，便是晴天。

輯三　能控制好情緒的女人，才能控制人生

無法控制的情緒，猶如可怕的毒藥

一九六〇年代，在一場撞球世界冠軍賽上，兩位球壇奇才路易斯・福克斯（Louis Fox）和約翰・迪瑞（John Deery）之間展開激烈的競爭。他們的水準勢均力敵，吸引了外界對這場比賽的極大關注。

路易斯・福克斯的狀態出奇地好，得分一路遙遙領先，如有神助。只要他正常發揮，再得幾分，就穩拿冠軍了。此時，賽場裡的氣氛十分緊張，所有人都翹首以待。

這個時候，福克斯很自信地準備做最後幾桿漂亮的擊球，迪瑞則沮喪地坐在一個角落裡，他可能覺得勝負已定，再無希望了。突然，一隻飛來飛去嗡嗡作響的蒼蠅打破了賽場裡的沉寂。它繞著球檯盤旋了一會，然後叮在了主球上，不肯離去。

福克斯毫不在意，微微一笑，輕輕地一揮手，「噓」的一聲趕走了蒼蠅。隨後，他又重新瞄準主球，伏下身子準備擊球。

誰知這隻蒼蠅又第二次來到檯盤上方盤旋，而後又落在了主球上。觀眾席中發出了一陣笑聲。無奈，福克斯又輕噓一聲將蒼蠅趕跑了，此時他的情緒還沒有因為這種干擾而產生波動。

可是，當他再次做好姿勢準備擊球時，蒼蠅又飛回來了。福克斯的情緒開始被這隻討厭的蒼蠅影響。更為糟糕的是，蒼蠅好像是有意跟他作對，只要福克斯一回到球檯，蒼蠅就會落

> 無法控制的情緒，猶如可怕的毒藥

到檯盤上。觀眾席中的笑聲與嘈雜聲越來越大，都像看一齣鬧劇似的在旁觀。

這讓一向冷靜的福克斯變得躁動不安，能看得出來，他在盡自己最大的努力來克制，但終究還是失去了理智，憤怒地用球桿去擊打蒼蠅，同時碰動了主球。雖然主球僅僅滾動了一英寸，但顯然還是會被判為擊球。蒼蠅是不見了，可是由於福克斯觸及了主球，他也失去了繼續擊球的機會。

更糟糕的是，這一齣節外生枝的狀況讓福克斯的情緒大亂，連連失手。而對手約翰・迪瑞則充分利用時機，奮起直追，一連幾個擊球，打得都異常漂亮。就這樣，迪瑞竟然連續擊球成功，最終奪得世界冠軍。

第二天早上，一艘警艇在河中發現了福克斯的屍體。原來，在比賽結束後的那天夜裡，福克斯獨自一人離開賽場時宛如在奇怪的夢幻中遊走，無論如何也接受不了因為情緒的原因而失敗的事實——他自殺了。這樣一個才華橫溢的青年，居然被一隻蒼蠅逼得自尋短見了，令人可惜又可嘆。

一個曾經的天之驕子就這樣因為無法控制自己的情緒，而輸掉了比賽，甚至輸掉了整個人生。福克斯成為情緒的奴隸，被失控的情緒支配著，他怎能贏得比賽呢？

由此可見，情緒就像是一把雙面刃，如果你懂得如何駕馭它，它就能成為你人生的助力；如果你無法控制它，任它肆意

輯三　能控制好情緒的女人，才能控制人生

地擾亂你，它就會破壞你的生活和人生。

女人往往是最容易情緒化的，前一秒還溫柔體貼，下一秒就怒髮衝冠；前一刻還哭泣不止，下一刻就哈哈大笑⋯⋯很多女人不善於控制自己的情緒，甚至覺得發洩情緒應該是女人的特權。有了這樣的想法之後，她們不去主動控制自己的情緒，以致於經常陷入壞情緒中不可自拔。

殊不知，一旦一個女人無法控制好自己的情緒，就會把自己的生活搞得一團糟，甚至還會使身心遭到嚴重的傷害。

作為一個母親，女人最常接觸的就是自己的孩子。可很多女人卻在教育孩子時，無法控制自己的情緒，時常不分青紅皂白地衝孩子發火。李亞有一個八歲的兒子，這個時期的男孩子調皮、搗亂是正常的事情，可李亞卻時常因為工作的不順、生活的壓力，一看到孩子犯錯，就氣不打一處來，進而對孩子打罵。

一次，李亞參加完家長會，怒氣沖沖地咆哮道：「你抬起頭！」

見孩子沒有反應，李亞火氣更大了，氣急敗壞地責罵道：「我就沒見過你這麼不聽話的孩子！今天開家長會，老師說你愛搗亂，不好好學習，我都替你感到丟人！」

講完這些後，她心中的憤怒彷彿更加熾烈了，指著孩子繼續罵：「你怎麼這麼氣人？我算看出來了，你就是想氣死我！」

> 無法控制的情緒，猶如可怕的毒藥

整個晚上孩子都是流著淚度過的。從此以後，他的膽子更小了，幾乎什麼都不敢做。而李亞的生活和工作也因為她無法控制情緒變得一團糟糕：孩子越來越膽小，丈夫每天抱怨她脾氣暴躁，在公司同事也不願意和她共事⋯⋯

在我們的人生中，每個人都會遇到這樣或那樣不順心的事情。但是千萬不要被情緒控制，而應該控制好它。

真正情商高的女人，絕不會讓自己的情緒被別人支配，不會讓自己成為情緒的奴隸，而是想辦法駕馭、控制自己的情緒，讓情緒更好地為自己服務。

正如美國作家羅伯・懷特（Robert White）所說：「任何時候，一個人都不應該做自己情緒的奴隸，不應該使一切行動都受制於自己的情緒，而應該反過來控制情緒。無論境況多麼糟糕，你應該努力去支配你的環境，把自己從黑暗中拯救出來。」

其實，想要做到不被情緒牽著走並不困難，只要在情緒不好的時候，努力讓自己冷靜下來，等到情緒稍微平穩下來之後，再說話或是做事，那麼就不會讓自己陷入被動的局面。

同時，你可以多給自己一些正向的心理暗示，告訴自己「我要冷靜下來」，或是轉移自己的注意力，比如有意識地聽聽音樂，喝一杯水，就可以很快消除不良情緒。總之，女人應該學習做情緒的主人，而不是讓自己做情緒的奴隸。如此一來，你便可以掌握住自己的人生，時時處處都可以看到美麗的風景。

輯三　能控制好情緒的女人，才能控制人生

輯四
好好說話，
是一個女人的頂級修養

　　說話暴露了一個女人的智慧和修養，換言之，由舌頭說出的語言也能體現一個人的情商。明明很簡單的事情，卻被你越說越複雜；明明是熱心腸，卻用刀子嘴傷了人，這都是低情商的表現。一個情商高的女人，心底有愛，口下積德，往往能成為人生贏家。

輯四　好好說話，是一個女人的頂級修養

會說話的女人，不抬槓，不較勁

生活中，你有沒有遇到過這樣的女人？你說東，她非要說西；你說這個東西好，她非要說這個東西壞；你贊成的事情，她非要反對；你反對的事情，她就非要贊同不可。她很愛和別人唱反調，喜歡和別人爭辯，好像她就是比別人聰明，比別人強似的。這樣的人就是典型的愛抬槓，一般表現為不給別人發言的機會，並經常對別人說的話發表不同的意見。對於這種現象，心理學家認為是一種自戀心理的表現。因為有自戀心理的人特別在乎自己的感覺，不會換位思考，不會替他人著想。他們往往喜歡將自己「變身」為救世主，覺得凡事都應該自己說了算，別人得服從自己。

這種人往往有著優於一般人的口才，思緒也比較活躍，與人交談就像進行一場精采的辯論。你會發現，她們每次抬槓所說的話都貌似很有道理，讓你不知道怎麼反駁。可是，仔細思索之後，你就會恍然大悟，這些話看似有道理，其實都是偷換概念的詭辯話術，未必真的有道理。

李霞在一家企業擔任會計一職，她自恃資歷老，學歷高，平時在公司不僅愛和同事抬槓，也喜歡與上司「頂嘴」。

有一次，上司安排她抓緊時間去稅務局報稅，可李霞卻認為，上司不懂財務，純粹是瞎指揮。於是，她就磨磨蹭蹭地遲

遲不去。上司見狀就說：「再不報，就要罰款了。」李霞卻說：「怕什麼，我做了這麼多年的會計還不懂這個啊？」

上司又說：「作為我部門的員工，你要接受我對你的安排。」聽上司這麼說，李霞有點惱火地說：「我來這裡工作的時候，你還不知在什麼地方待著呢，憑什麼就得讓我聽你的？」上司也有些氣惱，但考慮到周圍還有一些同事，便強壓怒火，沒有發作。

但是，同事們看在眼裡，對李霞議論紛紛──平時和李霞關係不錯的兩個同事急忙勸她，其中一個說：「你這是怎麼了，平時和我們抬抬槓就算了，居然和自己的頂頭上司頂嘴。」另一個說：「這樣下去，你以後的工作也不好做。」

一天，那兩位關係不錯的同事把李霞叫到一家咖啡館，對她好言相勸：「上司畢竟是上司，你這樣和他抬槓，讓他如何下臺？」

誰知，李霞不但沒領情，反而脾氣更大了，氣憤地說：「就這上司，還用巴結他嗎？」兩位同事說：「你不巴結沒關係，但也應該尊重他啊，畢竟他是我們的上司啊，需要樹立一定的威信。其實，你心眼很好，但就是說話太衝，這樣難免會得罪人的。」

沒想到，李霞聽完反而譏諷地說道：「他的水準你們也看到了，讓我怎麼尊重他！先說年齡，他二十八歲，我三十四歲。再說學歷，他是高中畢業，工作後，考了個大專學歷，我卻是正規院校畢業的大學生。再說年資，他比我差好幾年。他一天

輯四　好好說話，是一個女人的頂級修養

到晚就知道搞好上上下下的關係，而我卻辛辛苦苦埋頭做帳。你們說說，就他這樣的人還對我指手畫腳，能讓我服氣嗎？」

同事說：「這些方面人家是比你差點，可人家的協調能力比你強！」李霞說：「除了協調和上級的關係外，我看他的協調能力也比我強不到哪去！」

就這樣，李霞與勸她的兩個同事，你一言我一語地進行抬槓，一句勸告的話也聽不進去，弄得大家面面相覷，無言以對。

半年後，李霞就被所有人孤立了。大家在一個辦公室，抬頭不見低頭見，所有人都不待見她，都不願意理她，她覺得待在這裡沒什麼意思，便主動辭職離開了。

由此不難看出，在人際交往中，喜歡抬槓、較勁絕非是一件好事。本是一些小事，卻因為抬槓而影響了自己的人際關係，甚至斷送了自己的前途，實在是不值得。

喜歡抬槓的女人，雖然能說會道，但是卻很難受到別人的歡迎。這是因為，沒有人會喜歡一個「沒理還要爭三分」的女人。不管是在工作中還是生活中，當對方有不同意見時，如果對方是用溫婉的語氣表達出來的，那麼自己就不會過於抗拒；相反，如果其語氣是生硬的，即使對方是一片好心，說不定也讓我們心生反感。所以，你想要與人進行良好的溝通，就應該學會溫和的說話方式，而不是故意和對方抬槓，更不能用話語來傷害對方。

> 會說話的女人,不抬槓,不較勁

一個年輕女子因為一些事情和父親發生了激烈的爭吵,在衝動之下說了許多傷人的話。看著父親怒氣沖沖離開家門去上班的背影,她突然覺得非常後悔,並且開始擔心,這場爭吵可能會影響到父親的情緒,害得他工作出錯。

翻來覆去地糾結思索了許久之後,她終於拿起電話,撥通了父親的號碼。當她聽到父親略帶疲憊的聲音從電話那頭傳來時,她的眼眶突然紅了,然後低聲溫柔地對父親說:「對不起,爸爸。我剛才太衝動了,我說的那些話都不是真的,我很愛您,我向您道歉。」

「沒事,沒事,哪有爸爸會生女兒氣的!」電話那頭,她能聽出父親壓抑著的喜悅和輕鬆,那一刻,她沉重的心頓時輕鬆了不少。之後,她學會了和父親溫和地說話,而他們的感情也越來越好。

有位哲學家說過這樣的話:「一個人所有器官中最難管教的就是自己那一張不停說話的嘴。」對於愛用語言表達情緒和思想的女人來說尤其如此。一個喜歡和別人抬槓較勁的女人,也肯定不是一個可愛的女人,更不會受到別人的歡迎和尊重。

所以,不管是生活中還是工作中,女人都應該學會溫和地說話,盡量讓自己說出的話有溫度,而不是刻意地抬槓、較勁。如此一來,我們才能更容易獲得友情,生活也會因此而快樂很多。

085

輯四　好好說話，是一個女人的頂級修養

咄咄逼人，只會讓你顯得無禮

　　許多女人能言善辯，時常在發言中占據上風。很多時候，她們都喜歡咄咄逼人，說話不講情面，甚至帶有挑釁意味，尖酸刻薄，似乎這樣會顯出自己的能力。殊不知，說話咄咄逼人的女人，只會顯得膚淺、粗俗、愚蠢，讓人感覺索然無味。

　　雅麗優秀、能幹，所以平時為人自傲，性格張揚，言語中常常咄咄逼人。一位朋友時常提醒她說：「你說話從不肯尊重他人，家人和朋友或許還可以忍受，但是其他人怎麼願意聽你那些缺乏善意的言論。你不改變的話，恐怕會得罪很多人，朋友們也會慢慢遠離你。」

　　雅麗卻不把朋友的勸告放在心裡，依舊我行我素。

　　有一次，她為了跑一個訂單，和客戶接觸了很久，下了很多功夫，確定了簽約意向，只差最後一步和客戶電話確認。不巧的是，客戶打電話到公司進行確認的時候，雅麗正好有事不在，是一位行政人員接的電話。等雅麗回公司的時候，這位行政人員忘了代接電話的事情。

　　沒等到客戶的確認電話，雅麗打電話過去詢問，這才知道，原來人家早就打過電話了，見她沒有回覆，便和另外一家條件差不多的公司合作了。雅麗一聽就火大了，直接在公司例會上把那位行政人員劈頭蓋臉地大罵一頓。

> 咄咄逼人，只會讓你顯得無禮

開始，行政人員知道自己理虧，一再地道歉，並且表示願意接受主管的指教和處罰。可是雅麗依舊得理不饒人，大聲責罵：「你是做什麼吃的，這點小事都做不好？」、「這麼重要的事情，你都忘記了，吃飯睡覺你怎麼不能忘啊！」、「你知道我的損失有多大嗎？」……

本來這位行政人員內心也挺愧疚的，但見雅麗這種咄咄逼人的態度，脾氣也上來了，和她爭執起來。老闆見兩人在例會上大吵大鬧，大聲制止了好幾次。誰知道，見老闆制止，雅麗火更大了，不僅沒有冷靜下來，反而當眾開始斥責公司風氣差，老闆任人唯親。

結果，老闆大怒，當即就拍桌子走人。事後，雅麗很快接到了人事部的通知，讓她另謀高就。

客觀來說，這次事件確實是那位行政人員工作疏漏所導致的，她的確應該承擔責任，但雅麗咄咄逼人的態度十分不妥當。最後，她甚至把怒火牽扯到老闆身上，怎麼可能有好的結果呢？試想，如果雅麗能夠平靜地處理問題，不那麼咄咄逼人，事情也不至於鬧到這個地步。

人與人之間是需要互相尊重的，你言語行為謙恭和婉，維護了別人的尊嚴和面子，別人才願意與你交往。可若是你得理不饒人，說話咄咄逼人，那麼就會被他人仇視，讓大家遠離你。當與別人意見不合時，真正情商高的女人從來不會對別人橫加抱

輯四　好好說話，是一個女人的頂級修養

怨、胡亂責罵，也不會大發脾氣，而是心平氣和地處理矛盾。她們平時也不會咄咄逼人，往往行為友善、言辭和善，說話做事都能令人輕鬆愉快。這種女人給人的感覺是溫和的、明亮的，就像冬日的陽光一樣。

在一條大街上，有一個古樸典雅的茶莊。雖然茶莊的地點較為偏僻，但生意卻很興隆，每天來喝茶的顧客特別多。茶莊的服務生小姐對顧客和顏悅色，說話輕聲細語。

一天，茶莊來了一位比較粗魯的顧客。

「小姐！你過來！你過來！」這位顧客高聲喊道，他指著面前的杯子，滿臉寒霜地說，「看看！你們的牛奶是壞的，把我一杯紅茶都糟蹋了！」

服務生小姐微笑著說：「真對不起，我幫您換一下。」

很快，服務生小姐就把新的紅茶和牛奶端了上來，另一個碟子裡放著新鮮的檸檬。服務生小姐輕輕地把牛奶和鮮檸檬放在顧客面前，輕聲地說：「先生，我能不能提供您一個建議，檸檬和牛奶不能放在一起，因為牛奶遇到檸檬會造成結塊。」

顧客的臉唰地一下就紅了，他匆匆喝完那杯茶就走了出去。

其他的客人問那位服務生小姐說：「明明是他老土，你為什麼不直接和他說呢？他對你那麼粗魯，為什麼你還和顏悅色的呢？」

服務生小姐輕輕地笑了笑，回答道：「正是因為他粗魯，所

> 咄咄逼人，只會讓你顯得無禮

以我才要用婉轉的方式。道理一說就明白，又何必那麼咄咄逼人，得理不饒人呢？理不直的人，常常用氣壯來壓人；有理的人，就要用和氣來交朋友。」

在座的所有顧客都笑著點了點頭，對這家茶莊又增加了幾分好感。後來，這家茶莊的生意越來越好，因為那裡不僅茶好，服務態度更好，讓人覺得舒服。

由於服務生小姐沒有因為顧客的無理取鬧咄咄逼人，而是面帶微笑為顧客服務，其他顧客們深受感動。試想，假如該服務生非要與顧客爭辯，非要分出個對錯，那麼她說的話必定生硬，帶有攻擊性，那麼其他顧客又怎會被她吸引呢？

好好說話，你才會留給別人優雅大度的美好形象。情商高的女人在說話和處理事情時，會以和為貴，有分寸、有溫度，謙卑寬容。

沒有一個女人希望留給別人無禮、粗俗、愚蠢的印象，所以在說話時不妨溫柔些，不要咄咄逼人。只要你做到這一點，漸漸地你就會發現，自己已經成了一個出言謹慎、說話有分寸的高情商的女人了。

輯四　好好說話，是一個女人的頂級修養

好好說話，就是不說那些傷害人的話

　　語言的力量是非常強大的，它可以直擊人心，給你靈魂的救贖，也可以給你溫暖，鼓勵你不斷前進；它可以傷害你的內心，在你的心裡劃下致命的傷痕，粉碎你的自信，傷害你的自尊。

　　總之，那些傷人的話帶給一個人的傷害，比拳頭在身體上造成的傷害要更令人難以忍受，且往往短時間內無法治癒。然而，很多女人卻熱衷於用最不友善的話來攻擊別人，或是嘲諷、調笑，或是指責、辱罵。

　　一對小夫妻在商場中閒逛，丈夫想買一條褲子給妻子。當他們進入一家精品服裝店，一位中年大姐接待了他們，並且詢問他們需要買些什麼。小夫妻客氣地說：「我們先看看。」聽了這話，大姐不在意地撇了撇嘴。

　　之後，他們拿起一條中意的褲子詢問價錢時，大姐毫不客氣地說：「這褲子一千元。不講價！」

　　丈夫說：「哪有不能講價的，老闆便宜點吧！八百元怎麼樣？」其實，丈夫只是隨意講講價錢，並沒有非要老闆便宜的意思。

　　誰知大姐卻沒好氣地說：「我都說了這褲子不講價，就一千元。一千元，你們還嫌貴啊？」

　　妻子見這大姐說話不中聽，便拉著老公要離開。可這大姐

卻不依不饒地說：「一個大男人買條褲子給自己的老婆還講價，真丟人。買不起衣服，就不要來逛商場啊！真是浪費時間！」

聽著這些刺耳的話，丈夫忍不住了，回敬說：「講價怎麼就丟人了？講價不說明我們買不起，別說一千元了，再貴的褲子我們都買得起。不願意搭理你，你還沒完沒了了！」

這大姐一聽也火大了，惡狠狠地說道：「一看你們就是買不起褲子的人。你也不看看自己老婆，胖得跟豬一樣，能穿什麼好褲子！」

丈夫聽到老闆竟然說出侮辱人的話，一氣之下動起手來。結果，雙方因為打架都被「請」進了警察局。

諷刺和嘲笑真的是一種非常傷人的語言，可很多女人在生氣的時候，常常會使用一些帶有侮辱性的言語來發洩。殊不知，她這樣的話帶給人多大的傷害，引起多大的衝突？試想，哪一個人能夠忍受他人這樣的傷害呢？

既然如此，作為一個女人，我們為什麼不好好說話，說出令人舒服的話，非要說出傷人的話呢？而這對於你來說，又有什麼好處呢？

有的時候，有些女人說話傷人是無意的，並不是有意要傷害他人的自尊。她們由於性情直爽，說話口無遮攔，直來直往，殊不知這種說話方式會在無意中傷害到別人，令自己陷入難堪的境地。

輯四　好好說話，是一個女人的頂級修養

一個身材有些肥胖的顧客走進一家服裝店挑選新衣。一位女店員見其身材臃腫，店裡根本沒有合適她穿的衣服，便上前去直言道：「大姐，你太胖了，我們店裡沒有適合你身材的衣服。」

這位顧客最忌諱的就是被人說胖，聽到店員這麼一說，立即發火了，剛要反擊，只聽那店員又加上一句：「嗯，我覺得人老了，胖一點也挺好的。」

顧客被氣得七竅生煙，不知該如何發作，恰好此時老闆娘出現，便立即朝她怒氣沖沖地說道：「我這是招誰惹誰了？怎麼一進你家的店，就被說又胖又老，怎麼搞的？」

老闆娘立即上前賠不是，說道：「真是對不起，這女孩性子直，不會說話，但她說的都是實話。」聽了這話，顧客被氣得差點吐血，重重摔門而去。

由此可見，說話太直有時候未必就是件好事。有些在你看來無所謂的話語，對別人來說也許就是一種傷害。無論何時何地，對象是誰，我們一定要三思而後語。因為話一旦說出口，我們就不可能把它收回，所以在我們說話之前，一定要想清楚這句話說出去後帶來的結果，想一想它是否會傷害別人。

俗話說：「良言一句三冬暖，惡語傷人六月寒。」這句話的意思是說，有時候一句恰當、舒服的好話，可以讓我們的心，即便是在寒冬，也備感溫暖；有時候一句惡語壞話，卻比利刃戳心還要傷人，令人寒心。

口若懸河,不如適當的沉默

人與人之間相處交際,語言是必不可少的一種溝通交流方式,它能為我們搭建良好的交際關係,也能將好的關係摧毀,就看你如何駕馭它。

一個著名的演說家在一次演講中說:「我們說出去的話,有時候就像一塊石頭,砸到別人身上,就會讓人受傷;而有時候,這話又可以像春天裡的和風,輕拂心田,讓人感到舒心和溫暖。這就是語言的力量。」

沒錯,我們每個人說的話,既可暖人,亦可傷人,關鍵就看我們怎麼說。會好好說話,是一個高情商女人的基本修養,她們懂得掌握說話的分寸,不說傷人的話,所以,她們更容易受到別人的尊重和歡迎。

口若懸河,不如適當的沉默

許多心理戰的高手經常會用「沉默」這張牌來打擊對手。他們在與人討論、爭執、談判時,先用沉默使對方心裡有壓迫感,最終為自己贏得談判優勢。

有一位著名的女談判專家替她的鄰居與保險公司交涉賠償事宜。

理賠員先發表了意見:「女士,我知道你是談判專家,一向

輯四　好好說話，是一個女人的頂級修養

都是針對鉅額款項談判，恐怕我無法承受你的要價，我們公司若是只出一百美元的賠償金，你覺得如何？」

女專家表情嚴肅地沉默著。根據她以往的經驗，不論對方提出的條件如何，都應表示出不滿意，此時最好選擇沉默。因為，當對方提出第一個條件後，一般都暗示著可以提出第二個、第三個……

理賠員果然沉不住氣了：「抱歉，請勿介意我剛才的提議，再加一些，兩百美元如何？」良久的沉默後，女談判專家開口說：「抱歉，我們無法接受。」

理賠員繼續說：「好吧，那麼三百美元如何？」

女專家過了一會，才說道：「三百美元？嗯……我不知道。」

理賠員顯得有點慌了，他說：「好吧，四百美元。」

又是躊躇了好一陣子，女談判專家才緩緩說道：「四百美元？嗯……我不知道。」

理賠員最後篤定地說：「那就賠五百美元吧！」

就這樣，女談判專家只是重複著她良久的沉默，重複著她的痛苦表情，重複著說那句緩慢的話。最後，這件理賠案終於在五百美元的條件下達成協議，而鄰居原本只希望能要到三百美元。

由此可見，在很多時候，沉默的力量比有聲的話語更強大。作為一個女人，更應該學會沉默。很多時候，雖然你可以不說

> 口若懸河，不如適當的沉默

話，沉默要比唇槍舌劍的爭論更有震懾力和說服力，更能在氣勢上壓倒對方。因為你說得越少，就越顯得神祕，顯示出一種胸有成竹、沉著冷靜的姿態，一種「天不言自高，地不言自厚」的深沉和成熟。

所以，智慧的女人應該懂得適時沉默，當與別人發生意見不合時，你無須急於解釋、說明、評價等，也不用大發脾氣，保持適當的沉默反而可以收到更好的效果。

當然，沉默並不是指簡單地不說話，許多時候我們必須開口，但重要的是，要找到恰當的話。即使片刻的沉思，也會使我們頭腦中的思路更加清晰，說出的話更準確、更有效，所以適時的沉默實在是一種睿智的行為。

很多時候，我們無須多言，卻可以利用目光、神態、表情、動作等各種因素，或明或暗地表達自己的思想感情。這樣一來，我們既能達到自己的目的，又能夠表現出謙和大度、優雅從容的修養。

然而，生活中不少女人卻不懂得沉默的妙處，甚至有一種錯誤的認知，認為只有滔滔不絕，才有表現自己的機會，加強自己的存在感，留給別人好印象。於是，她們抓住機會便盡情地表達自己。結果如何呢？不僅沒有留給人好的印象，反而因為喋喋不休地說個沒完而讓人厭惡不已。

輯四　好好說話，是一個女人的頂級修養

有兩個年輕的女性，我們不妨叫她們小A和小B。她們兩個人的說話方式截然不同，人緣也相差很多。

小A性格開朗、隨性，說起話來是滔滔不絕。但她講話有一個毛病，那就是說話沒有主題，一說起來就沒完沒了，主題能夠從工作扯到家庭瑣事，再到孩子學習，不一而足。她一旦開口，即便別人多次提示時間，她好像也視而不見，似乎沒有盡頭。

而小B呢，則說話風格言簡意賅，從來不囉唆。因為她覺得說話囉唆、喋喋不休就是浪費時間，所以一句話能夠說完的事情，她絕不會說兩句。每次和別人交流時，她都沒什麼多餘的問候和致謝，而是直奔主題。雖然她平時話不多，卻很受朋友歡迎，口碑極好。

總之，會說話的女人不一定會口若懸河。她們懂得說話的技巧，更知道說話的分寸，該說話的時候說話，語言簡明扼要，每個字都能做到擲地有聲；而遇到不該說話的時候，她們便會選擇沉默。

因為，她們知道如果嘮嘮叨叨、口若懸河卻抓不住重點，即便說再多的話也沒有用處，還會引起別人的反感。恰當的沉默卻可以適當地表達自己的情緒、態度，在不動聲色之間顯示出自己的修養和智慧。

她們還明白，沉默所表達的意義是豐富多彩的，它以言語

形式上的最小值換來了最大意義的交流。沉默是語句中短暫的間隙,是超越語言力量的一種高超的傳播方式,恰到好處的沉默能收到「此時無聲勝有聲」的效果。

沉默是金,所以,女人要學會適時地閉上嘴巴,用恰到好處的沉默來表現出你的優雅和智慧,輕鬆地達到自己的目的。

懂幽默的女人,從來不會輸在說話上

為什麼有的女人處處受歡迎,有的女人偏偏就不能呢?在我看來,一個女人受歡迎的程度和長相、身高、身家、地位等沒有直接關係,但懂幽默是很關鍵的原因。

有一個職場女性名叫青青,透過多年勤懇地努力工作,她被公司提拔為分公司的經理。為了慶祝這件事,青青花了將近一個星期的時間做準備,計劃在一個五星級酒店的宴會廳舉辦慶祝大會,還邀請了將近一百位客人參加。

在青青精心的安排下,聚會進行得非常完美。但有一位同事在敬酒時,不小心把提前準備的慶功蛋糕打落在地,巧克力和奶油濺得滿地都是。這位同事站在那裡,頓時不知道如何是好,氣氛變得尷尬起來。但當青青看到地上破碎的蛋糕時,居然笑出聲來。隨後,她笑著走到同事面前,一邊敬酒,一邊幽默地說道:「嗨,原來你是想送我一個這麼大的蛋糕呀!」

輯四 好好說話,是一個女人的頂級修養

聽到青青的話,所有人都會心地笑起來,而那位闖禍的同事也不好意思地笑起來,感謝青青替她解了圍。

幽默的話語真的非常神奇,可以緩解尷尬的氣氛,給周圍的人舒適感和愉快感。

沒有人不喜歡幽默的女人,因為她的一句笑話、一個精妙的比喻、一個搞笑的動作,便可以讓正在發愁的人,正在生病的人,正在憤怒的人,或正在緊張的人,瞬間放鬆下來,發出會心的一笑,體會到那種身心的舒緩與暢快。這樣的女人,能不招人喜歡嗎?

幽默的女人招人喜歡,但懂得幽默的女人並不多。

某大學有一個社團,這個社團既有專業性又有娛樂性,很受在校生歡迎。但想要進入這個社團不是那麼容易,需要經過遞申請書、稽核申請書、面試、二次面試等步驟,簡直比找工作還嚴格。

一次,這個社團招新,很多學生都慕名前來,但進入最後面試的人只有幾十人,而能留下的只有十人左右。

「非常抱歉,你的條件並不適合我們這個團體。」應徵現場,社團負責人對著其中一個女孩說。

這個女孩卻沒有灰心失望,反而用歡快的聲音對負責人說:「既然你感到如此抱歉,那是不是會再給我一個機會,更深入地了解我?也許你們會有不同的判斷!」

> 懂幽默的女人，從來不會輸在說話上

　　負責人和幾個高年級的學長都被她的話逗笑了，相互看看，都覺得應該再給她一次機會。於是，他們重新提問她，考核是否讓她加入。最後，這個落選的女孩子得到了在場所有人的認同，幸運地成為這個社團的一員。

　　看吧，對一個女人來說，幽默可以讓人對你產生好感，為你贏得更大優勢。幽默是最難得的，也是所有口才技巧中最難學的一項。因為它絕不是簡單地製造一些笑料，而是智慧的體現，是素養和情商的體現。

　　想要成為幽默的女人，你不僅要修練自己的語言技巧，更要提升自己的修養和氣度。若是你心胸狹窄，過於敏感，別人一句無意的話都能思索半天，恐怕很難發現生活中的「笑點」，更說不出任何讓人發笑的話。

　　你要嘗試著讓自己心寬，體諒別人的不會說話，不計較別人的一時過失。猶如上文中的青青一般，用幽默的話語為自己和別人解圍，猶如落選的女孩一般，用歡快的話語為自己贏得機會。

　　另外，想要讓自己成為一個幽默的女人，你還要學會自嘲。

　　一九七四年，歌星韓菁清與作家梁實秋相戀，一個是著名作家，一個是當紅歌星，這是雅與俗不同的兩條路，而且兩人年齡相差將近三十歲。當時，這場戀情遭到了雙方朋友、親人們的一致反對，韓菁清與梁實秋不勝其煩，但仍然堅持在一起。

099

輯四　好好說話，是一個女人的頂級修養

　　婚禮當天晚上，因為新房設在韓菁清家，梁實秋不熟悉環境，又是高度近視，一下撞到牆上。韓菁清出於關心和心疼，立即上前將梁實秋抱了起來，梁實秋笑道：「這下你成『舉人』了。」（把他「舉」起來）。韓菁清也風趣地回答說：「你比我強，既是『進士』（諧音近視），又是『狀元』（諧音撞垣）。」兩人相視而笑⋯⋯

　　韓菁清與梁實秋都是幽默的人，時刻以快樂的心情擁抱生活，不因環境不適而苦惱，而是用幽默的話語來為自己增加樂趣。他們把一切不如意融進一句句的自我解嘲之中，既開解自己也娛樂他人，在笑聲中化解了內心中所有的負面情緒。

　　幽默是善意的，是心靈與生活的碰撞激起的火花，這火花既讓自己愉悅，又讓他人高興。可以說，幽默的女人，魅力值滿分，總能讓人不自覺地被她們吸引。幽默的女人，說話好聽，讓和她交往的人總是心情舒暢。

　　幽默的女人是聰明的，也是幸運的，因為這可以讓她們贏得別人的喜歡，使自己的生活更加幸福、快樂。所以，女性朋友，學習做一個幽默的女人吧，如此一來你的魅力值和幸運值都將達到滿分！

真誠讚美，是女人的一種高級情商

看過這樣一則故事：一位年輕的媽媽領著她的雙胞胎女兒來到了一個花園。年輕的媽媽看到了滿園的玫瑰，不禁陶醉，於是問兩個女兒如何看待這個地方。姐姐回答說：「這裡太糟了，每一朵花下面都有刺。」妹妹則說：「這裡太好了，雖然枝條上有刺，可每個枝條上都有一朵美麗的花。」

同樣一枝玫瑰，姐姐看到了渾身是刺，而妹妹則看出了芳香四溢，嬌豔動人。為什麼同是一件事物，會產生兩種截然不同的評價呢？因為兩個人看待玫瑰的眼光不同。姐姐看到的是下面的刺，而妹妹看到的是上面的花。

看物如此，看人亦然。當我們用挑剔的眼光去看待別人時，會覺得他到處都是不足，渾身是「刺」；而以欣賞的眼光看人，則會覺得他優點多多，光芒四射。生活中並不都是競爭，不都是打擊，不都是敵對，更多的是友善和溫暖。

相信大家都有過這樣的體會：如果你把讚美的話掛在嘴邊，見了女人就說「漂亮」、「有氣質」，見了男人就說「好帥」、「有魅力」，即便對方知道這只是恭維，但是也會感到欣喜，對你產生好感。即便是再內向、再醜陋的人，臉上也禁不住微笑，心裡也會沾沾自喜。這就是人性。

讚美別人是一件好事，但絕不是一件易事。因為，讚美需

輯四 好好說話，是一個女人的頂級修養

要一顆善於發現美的心，只有克服自身的嫉妒心、好勝心，以博大的胸懷去包容別人，用欣賞的眼光去看待別人，我們才能成為善於讚美的人。

與人溝通時，只要你善於發現別人的優點，嘴上多說幾句讚美的話語，就有可能為你帶來意想不到的好處。

蘭蘭是一位化妝品公司的老闆，表面看她貌不驚人，才不出眾。可是，她卻有著異乎尋常的吸引力，周圍的許多朋友都喜歡和她在一起。更神奇的是，行業裡最優秀的人才都聚集在她的公司，而且任憑別的公司高薪挖牆腳都挖不走。

有許多人對此不解，就問蘭蘭有什麼收穫人心的祕訣，蘭蘭淡然一笑，回答道：「其實，我根本就沒有什麼祕訣，如果非要說有的話，那就是我願意真心誠意地讚美我的員工。」

「聽聽我的故事吧，」蘭蘭繼續說道：「剛畢業找工作時，我到一家化妝品公司應徵員工。經過三輪應試，只剩下包括我在內的五人進入最後面試，當時每個人發揮都很出色，最後我應徵成功了。知道為什麼嗎？因為當競爭對手演講至精采之處時，我總是情不自禁地為其鼓掌，低聲說一句『說得真好』、『她的表現真棒』，這一無意間的舉動被主考官看到了，她毫不猶豫地留下了我。」

讚美他人所帶來的好處，讓蘭蘭始料不及，在以後的工作中，她更是秉承這種作風。當下屬透過自己不懈的努力取得好

真誠讚美，是女人的一種高級情商

的業績時，蘭蘭總是能夠第一個為她們送上自己的讚美，這些讚美完全發自內心。這也就難怪員工會願意在她的公司工作，並且在各自的工作職位上奮發進取，不斷取得更好的業績。

可見，讚美的話就像是蜜糖一般，最能打動人心。無論是誰，只要被人誇上兩句，心裡一定會美滋滋的，同時一定會替他打上很高的印象分數。

帶有讚美意義的話語，是對人們的某種行為給予的肯定和獎賞，它傳遞的是一種正面的訊息，是一種尊重，一種理解與認同，能帶給他人一種正向、愉悅的心理感受。若是你讚美了一個人，就會得到對方直接、友好的回饋，哪怕有時你讚美的只是一個小細節，對方也會欣喜萬分。

所以，不管對於什麼樣的人，我們都應該不吝嗇自己的讚美之詞，把讚美的話扔出去。

格林先生是一個很好客的人，有一次他請幾個親密的朋友到他家裡去吃烤肉。這是一個小型的家庭聚會，既是為了慶祝孩子的生日，也是為了與朋友們聯繫感情，所以不但請來了他自己的朋友，也請來了格林太太的朋友，場面很熱鬧。

過完開心的一天後，客人們散去了，格林太太一邊忙，一邊和先生說話：「聽到我的朋友們都說什麼了嗎？她們希望以後每個月都舉行一次聚會呢。」

「我聽到了。」格林先生笑著說。

103

> 輯四　好好說話，是一個女人的頂級修養

「你對我的哪個朋友印象最深刻？」格林太太問。

「珍妮。」

「咦？」格林太太有些意外，「可是，你並沒有和她說上一句話啊，而且珍妮也不是丹‧羅斯那樣的美女，你為什麼會記得她呢？」

「因為我聽到她對你說了一些話，」格林先生說，「她說：『我真羨慕你，你有一個這麼好的老公，他這樣精心地為我們準備這次聚會，又如此考慮你的朋友，他的服務真周到，他是真的愛你。』」

只要是人，就都希望獲得別人的讚美。因此，女性朋友們，不要再沉浸在自己固守的情感世界裡，捨不得對別人說一些讚美之言了！你會發現，這將讓你的生活變得更加美好。

當然，讚美也需要有技巧。首先，不要太露骨，否則就會讓人覺得諂媚；第二，讚美他人也不要拉上具體的人做對比，說出「你比××強太多了」這樣的話，那個××聽到了一定對你懷恨在心；第三，讚美要做到真誠自然，適可而止，要讚美得「有依據」。

善於傾聽的女人，情商不會低

卡內基（Carnegie）曾經說：「生活中，最有魅力的女人一定是一個傾聽者，而不是滔滔不絕、喋喋不休的人。」沒錯，一個女人的基本修養之一就是善於傾聽。傾聽，不僅僅是對別人的尊重，也是對別人的一種讚美。

生活中，情商高的女人不一定是口才最好，但一定是最善於傾聽的。俗話說：「會說的不如會聽的。」

吳菲菲在一家有名的美術雜誌擔任編輯。為了豐富雜誌的內容和版面，她每個週末都要去拜訪幾位業界很有名氣的畫家，並邀請他們為自己的欄目撰寫文章。每次去拜訪畫家的時候，她都習慣說個不停，不斷地說自己的雜誌多麼權威、多麼高階，自己所負責的欄目有多麼好。因為她覺得這樣才能顯示自己的誠意，從而說服對方接受自己的邀請。

但是，那些畫家們最後都會面帶歉意地告訴她：「實在抱歉，短時間內我恐怕沒有辦法參加。」就這樣，二三十次地邀請，又二三十次地被拒絕，吳菲菲有些心灰意冷了。這時部門的主編建議她：下次再去拜訪那些畫家的時候，安靜下來，去傾聽一下對方的意見。

聽完主編的話，吳菲菲意識到自己以前做的採訪方法不對，於是第二天她約見了一位之前沒拜訪過的畫家。這次，她

輯四　好好說話，是一個女人的頂級修養

沒有一見面就不停地推薦，而是先認真地觀看了這位藝術家的作品，有什麼不懂的地方就趕忙詢問。

沒想到，吳菲菲的提問引起了畫家的興趣，他們不知不覺就談了兩個小時。最終，這位畫家不僅同意參加吳菲菲的欄目，還告訴吳菲菲他的幾個朋友也可能參加。吳菲菲聽了心裡非常高興，在這位畫家的引薦下，她一下子多了好幾位作者。

再後來，吳菲菲總是會提醒自己，不要多說，要多聽。一次，吳菲菲和一個朋友一起參加一次小型社交活動，並認識了一位很有魅力的男士，他們聊得非常愉快，這位男士還幾次主動邀請吳菲菲跳舞。

當朋友問及吳菲菲的「手段」時，吳菲菲笑了笑，語氣中掩飾不住喜悅：「很簡單，我問他喜歡什麼音樂。當他說自己喜歡搖滾時，我鼓勵他講一些搖滾作品。我以前對搖滾一點也不了解，從頭至尾我沒說幾句話，都是他一直在談這方面的事情，不過我也因此對搖滾有了了解。他也覺察到了這一點，那自然使他覺得欣喜。最後，他要了我的電話，還說我是最迷人的女人，希望和我繼續交往。」

事實證明，傾聽的效果往往比滔滔不絕講話的效果好上一百倍。在聊天中，有滔滔不絕、舌燦蓮花的一方，就得有默默傾聽、贊同附和的一方，這樣交流才能順利進行下去。可若是你只顧著自己說得過癮，卻沒有滿足別人說話的欲望，那麼就會

引起別人的反感,使得交流無法繼續進行下去。

所以,為了打造良好的人際關係,贏得別人的喜愛與認可,女性朋友們不僅要學會說話,更要學會傾聽——傾聽別人的意見,傾聽別人的故事,把別人視為交流的主角。

生活中,很多女人喜歡透過說話來表達自己的情緒,善於透過言語來表達自己的情感。我覺得,女性更應該學會傾聽,少說多聽,養成良好的習慣。傾聽的好習慣不僅可以增加我們的魅力,讓我們交到更多的朋友,更可以幫助我們贏得一些寶貴的機會。

李琴在一家知名企業的分公司工作,那家企業的門檻很高,沒有豐富的工作經驗或過硬的水準,是很難進去的。她剛剛畢業沒幾年,且不算太優秀,是怎麼進去的呢?李琴的同學佩服之餘,都感到驚訝。

對於很多同學的疑問,李琴說道:「其實,我能進入這家企業純屬偶然。大學畢業那年,這家公司為了開拓日本市場,就到我們學校來招收一名日語系的學生。我雖然不是學日語的,但因為『二外』是日語,會一些簡單的日常對話,就抱著試一試的態度加入了應徵的隊伍。沒想到,我竟然順利通過了兩輪筆試,進入最後的面試。

輪到我面試的時候,主考官說了幾句中文,讓我與另外一個日語系的學生進行翻譯。之後,他讓我們兩個用日語對話幾

輯四　好好說話，是一個女人的頂級修養

分鐘，話題由我們自己定。於是，我們就按照要求開始對話。對話一結束，我就覺得自己輸定了，因為對方的口語非常流利。但出乎意料的是，主考官竟然宣布我是最後人選，讓我一個星期後去公司參加培訓。」

這位同學疑惑地問道：「到底是什麼原因？」

李琴解釋道：「我也問了主考官同樣的問題，他說，在我們倆對話的過程中，我一直在認真地看著對方，傾聽對方的講話，並不時地點頭表示認可，沒有打斷過對方，顯得很有修養。對方自認為是日語系的學生，有些盛氣凌人，說話也咄咄逼人，想在語言方面壓制我，這讓主考官很反感。

最後，主考官還說了一句讓我更意外的話。他說，他根本聽不懂日語，讓我們倆對話，就是想觀察我們講話的表情，從而判斷我們的交際能力。他覺得我很符合要求，就決定將機會給我。」

可見，李琴之所以獲得這個炙手可熱的職位，最關鍵的就是因為她善於傾聽，懂得尊重別人。在這次面試中，李琴本是處於劣勢，但是，她善於傾聽別人說話的習慣為她扭轉了局勢，贏得了這個難得的工作機會。

善於傾聽的女人，情商不會低。在古代，人們將那些善於傾聽的女人稱為「解語花」。做一個善於傾聽的女人，讓自己做一個合格的聆聽者，而不是一個嘮叨的傾訴者，你會發現自己不用說話，就能成為眾人的焦點。

輯五
懂進退，
知分寸，是一個女人最好的模樣

　　真正的高情商是對人性的深刻洞察 —— 懂人才能懂事，懂事才能成事。一顆心冷暖自知才最好，兩個人相處舒服才最佳。情商高的女人能全面考慮每個人的感受，用適當的方式解決問題，無論處在什麼關係中，都可以遊刃有餘。

輯五　懂進退，知分寸，是一個女人最好的模樣

學會放棄，做不鑽牛角尖的女人

生活中，你是不是遇到過很多這樣的人：她們執著於一件事情、一個地方、一份職業⋯⋯即便碰得頭破血流也不肯放棄，永遠解不開心結，結果使自己身陷泥潭，不能自拔？實際上，她們是愛鑽牛角尖的人，性子頑固執拗，可她們卻把這種執拗當作執著，並且堅信只要自己堅持下去，就能獲得成功。

可是，執著和執拗雖然只差一個字，含義卻完全不同，所獲得的結果也千差萬別。一個人如果能堅持自己正確的道路，那麼終有一天會取得成功。可一個執拗的人，撞了牆也不回頭，只想著在一條路上走到頭。結果，只是在錯誤的道路上越走越遠。

于媛媛是某大學的高材生，畢業後進入一家軟體公司做程式設計師，但很快就被磨得沒有了以前的那股銳氣與豪情壯志，取而代之的是一副怨天尤人、不堪重負的樣子。在所有的抱怨中，她提的最多的就是自己當初進錯了行業，程式設計師工作枯燥乏味，經常加班，壓力大，自己並不具備優勢。

當別人問她為什麼不嘗試換個工作和行業時，于媛媛卻說：「現在放棄了，以前所付出的努力不就都白費了嗎？」同時，她還有這樣的疑慮：「放棄了，再做別的事，就一定能成功嗎？」所以她繼續選擇了硬撐。

于媛媛的幾位朋友，在經過深思熟慮發現原行業不適合自

己後,就果斷地轉行,現在已經小有成就。例如,于媛媛的一位大學同學,在五年前辭去了一份收入不菲的工作,然後開始創業,如今企業資產已經數千萬了。而于媛媛的堅持依然沒有進展,眼裡滿是「何必當初」的絕望。

于媛媛的堅持為什麼沒有得到好的結果?就是因為她明知道自己進錯了行,卻執拗地在錯誤的道路上不肯回頭,以致於浪費了時間和精力,甚至讓自己陷入無望的境地。堅持是可貴的特質,可是不懂得轉彎,在該放棄的時候不放棄,那麼就只會讓自己陷入困境。

事實上,很多時候果斷放棄才是最好的選擇,當你在一條路上毫無頭緒,一錯再錯時,就沒有必要再堅持下去。這是因為看不到希望的路,根本不值得你付出努力,即便你付出了再多的努力也是白費工夫,甚至讓自己陷入死胡同。

說到這裡,想起一個寓言故事:

老鼠鑽到牛角尖裡去了,牠跑不出來,卻還拚命往裡鑽。

牛角對牠說:「朋友,請退出去,你越往裡鑽,路越窄了。」

老鼠生氣地說:「哼!我是百折不回的英雄,只有前進,絕不後退的!」

「可是你的路走錯了啊!」

「謝謝你,」老鼠還是堅持自己的意見,「我一生從來就是鑽

輯五　懂進退，知分寸，是一個女人最好的模樣

洞過日子的，怎麼會錯呢？」

不久，這位「英雄」便活活悶死在牛角尖裡了。

這就好比你正做一件事情，想解決卻找不到合適的方法；你正在從事一項工作，想努力卻發現自己根本不適合這項工作；或是你想要實現某個夢想，卻發現這個夢想只是空想……可是你就是不想放棄，覺得堅持就能成功。結果會怎樣？和鑽牛角尖的老鼠如出一轍！

然而，人生的道路並非一條，人生的輝煌也並非一處，你又何必鑽無路可走的牛角尖呢？

如果透過長期努力仍不能達到設想的目標，那麼就該分析一下，這個目標對自己來說是否合適？如果不合適，不如及早放棄，對自己的生活進行重新定位。這樣你才不會把自己困在原地，才能找到新的出路，獲得重新開始的機會。

琳達從小就是個手工藝品愛好者，在讀幼稚園的時候就會採集各式各樣的鮮花做成造型獨特的書籤。這些書籤用乾花配著毛線、原木、彩紙等東西做成，很是漂亮，就連幼稚園的老師都會託琳達幫她們做書籤。

長大一點以後，琳達的這一愛好堅持了下來，而且做出來的東西越來越多。她既能用毛線織各式各樣的衣服，又能將布匹裁剪成窗簾、床單、桌布，並自己繡花，還能用泥巴、鐵絲、陶土等東西做手工藝品。她在這些創作中得到了極大的滿足。

學會放棄，做不鑽牛角尖的女人

琳達十幾歲的時候，開始面臨升學壓力，父母分析給她聽：如果她繼續把時間都用在手工藝品上荒廢學業，她今後就要吃這碗飯。但是，在他們生活的小鎮，沒有人願意花錢去買手工製品，如果琳達想要開一家電商，也不能生產大量貨物，不能賺足夠的錢養活自己。所以，父母要求她慎重考慮未來的計畫，不要讓自己現在的堅持毀掉未來的人生。

經過思考，琳達承認她的愛好只能作為業餘愛好，只有在自己有了正式穩定的工作後才能繼續發展。所以，琳達保留了她經常構圖的本子，把多數時間用在考試和複習上。

聰明的女人不會鑽牛角尖，她們懂得找到自己的位置，適時調整方向，放棄不正確的堅持。琳達就是這樣的女人。雖然她曾經把那些愛好當作自己的終身目標，但是卻理智地放棄了，因為她知道，現在的放棄並不意味著永遠失去。等到自己考上好學校，找到好工作，仍然可以用業餘時間做她喜歡的手工藝品，那個時候，也許她的心態更加輕鬆，做出的東西能加入更多的想法。這樣一來，豈不是兩全其美？

對於女人來說，有時候暫時放棄不是一種無能，而是一種智慧。因為放棄無謂的堅持，才能有新的開始，才能讓我們贏得更多的機會，讓我們的人生變得更寬闊。

輯五　懂進退，知分寸，是一個女人最好的模樣

做一株馬蹄蓮，即使盛放也懂得收斂

　　在工作中，我接觸過這樣一個女強人，她學識淵博，思維敏捷，能言善辯，可以說是非常成功、出色的女性。開始時，我非常欣賞這位女強人，甚至將她當作自己的榜樣。

　　可慢慢地，我發現她太強勢了，且有些自以為是，盛氣凌人，不懂得尊重別人。

　　一次，我看見她大罵一個下屬，其實那人也沒有犯什麼大錯，只是沒有把列印好的檔案整理好。可她竟然在所有人面前罵她，說什麼「你真是笨死了，一點小事都做不好」。結果，剛工作不到半年的新人羞憤難當，眼淚嘩嘩地往下流。

　　還有一次，我和她到一個商場辦事，在洗手間洗手時，一位清潔工不小心把水弄到她的衣服上。清潔工連連道歉，我也勸說她息事寧人，可她依舊得理不饒人，非要請商場經理出面。最後，經理為了息事寧人，扣了清潔工三天薪資，並且再三為清潔工的失誤道歉，她才憤憤不平地離開。

　　事實證明，強勢且咄咄逼人的女人並不招人喜歡，且很容易招致別人的反感。這位女強人雖然在職場上如魚得水、呼風喚雨，可是人緣卻並不怎麼好。所有員工和下屬都對她敬而遠之，能不接觸便不接觸，就連她的未婚夫也因為她不懂得收斂自己的強勢，而選擇了解除婚約。

> 做一株馬蹄蓮，即使盛放也懂得收斂

　　試想，哪一個男人能夠容忍自己的未婚妻在眾人面前數落自己，對自己指手畫腳呢？

　　太過於強勢、不懂得收斂的女人是悲哀的，面對這位女強人，我只能搖頭嘆息，而且一再告誡自己千萬不要成為這樣的女人。因為這種女人即便再有能力，再優秀，也會把自己置於尷尬境地，令人避而遠之，豈能贏得別人的喜歡和尊重？

　　情商高的女人，懂得收斂自己的強勢，就像是一株馬蹄蓮一樣，即便是綻放也懂得收斂。否則，女人的美貌和智慧不僅無法招人喜歡，反而會成為人生的災難。

　　女人最大的特質便是溫柔、內斂，雖然我不希望女人過於收斂，因為過於收斂就顯得懦弱、不自信了。但這不意味著女人為了顯示自己的地位、能力而過於強勢、張揚。事實上，情商高的女人，是懂得收斂的。她們有能力、自信，能夠獨當一面，甚至比男人更優秀、出色。而且她們更有涵養，親切、善良，尊重他人，不隨心所欲，也不會唯我獨尊。

　　有一位著名的電臺主持人，算是業界的一個成功女性了，而且在自己的節目中又掌握著採訪中的主導權，但她從不會擺出驕慢、賣弄和過分張揚的姿態，而是不露聲色、不慌不忙地把自己的觀點一一道來，把想表達的東西說清楚，然後露出了一個招牌式的笑容。

　　有人曾經批評她的風格太過溫情和小心翼翼，對於這樣的

輯五 懂進退，知分寸，是一個女人最好的模樣

評論，她不以為然：「在語言上壓住嘉賓是很容易的事情，但這不是我的風格。嘉賓來做節目就是我的客人，我內心會有一個堅守，就是尊重我的嘉賓。」她那種自然溫和的態度，的確能讓人放鬆下來，嘉賓會滔滔不絕地講，很願意把故事告訴她。

收斂，不是一種束縛，而是一種解放，該張揚的時候張揚，該收斂的時候收斂。收放得當，才能把女人美好的特質釋放出來。人們更願意與這樣的女人交往，因為不會感到緊張、壓抑。

伊莉莎白（Elizabeth）女王便是如此的女人。她是全世界萬人矚目的對象，這當然不僅是因為她頭上的那頂皇冠，而且是在於她由內而外散發出來的修養。儘管是高高在上的女王，但出現在眾人面前時，她從來不盛氣凌人，而是謹言慎行、非常親和。

比如，她經常去拜訪民眾，在民眾面前，她不時地含笑躬身，微笑向大家致意。這讓每個人都被她吸引，目光一直追隨著她。

現在還流傳著一個關於女王的故事：在第一次世界大戰期間，英國王室為了招待印度的人民領袖，在倫敦隆重地舉行了一次晚宴，身為英國女王的伊麗莎白主持這次宴會。就在宴會快要結束時，侍者按照英國慣例為在座每一位客人端來了洗手盤，當時印度客人並不知道這個洗手盤是做什麼用的，他們看

到盤子是非常精緻的銀製器皿，以為這裡放的水是用來喝的，於是端起來一飲而盡。

當時在場作陪的英國貴族們看到這一幕非常尷尬，不知所措。而伊莉莎白女王不僅沒有當眾把這件事說穿，而是神色自若地也端起自己面前的洗手水，就好像不明就裡的印度人那樣「自然而得體」地一飲而盡。接著，在場的所有貴族也紛紛效仿，本來要造成的難堪與尷尬頃刻化解，宴會取得了預期的成功。

可見，女人的情商與地位、財富或名聲等無關，而是與不張揚、不強勢的態度，懂進退、知分寸的修養有關。

一個女人在擁有了事業、地位、財富時，千萬不要沾沾自喜、自以為是，只有努力讓心態保持平和，才能散發強大的魅力，贏得別人的尊重和喜歡。

不卑微，不討好，兩情相悅才是最好的愛情

很多人都喜歡美國現代著名女作家瑪格麗特・米契爾（Margaret Mitchell）的小說《飄》（*Gone with the Wind*），被主角郝思嘉的漂亮、聰明、倔強所吸引。而事實上，瑪格麗特也是令人欣賞的女性，她的故事也具有傳奇色彩。

輯五　懂進退，知分寸，是一個女人最好的模樣

　　由於母親早逝，瑪格麗特不得不輟學操持家務，如同《飄》中的女主角郝思嘉一樣，她生來就有一種反叛的氣質。成年後憑著一時的衝動，瑪格麗特嫁給了酒商厄普肖（Upshaw），但這段婚姻不久便以失敗告終。

　　這段婚姻的失敗與其說是因為厄普肖的冷酷無情、酗酒成性，不如說是因為瑪格麗特的獨特婚姻愛情觀。儘管知道厄普肖有不少缺點，她卻深深地迷戀對方，甚至是近乎崇拜，這無疑助長了厄普肖的狂放不羈。他對瑪格麗特越來越不在乎，冷淡她，甚至粗魯地對待她。

　　這場婚姻的不幸讓瑪格麗特明白了，單方面拚命對一個人好，愛情的天平會嚴重傾斜。之後，她重新振作起來，嫁給了記者約翰‧馬什（John Marsh）。瑪格麗特打破當時的慣例，在門牌上寫下了兩個人的名字，她說：「我要告訴所有人，裡面住著的是兩個主人，他們是完全平等的。」

　　在婚姻中，瑪格麗特和馬什是平等的。她不再是丈夫的附屬品，不再一味地討好丈夫，甚至不從夫姓——這在當時守舊的亞特蘭大可以說是備受非議的。

　　馬什尊重和支持瑪格麗特。在他的鼓勵和支持下，瑪格麗特開始從事她所喜歡的寫作。十年後《飄》正式出版，她一夜成名，並對外人說道：「沒有哪個男人可以摧毀你的美麗，只有你自己；沒有哪個男人可以踐踏你的尊嚴，除非你甘願下賤。」

> 不卑微，不討好，兩情相悅才是最好的愛情

　　沒錯，沒有人可以踐踏你的尊嚴，除非你自己放棄。對於女人來說，沒有哪個男人比你的尊嚴更重要。況且，不管是婚姻還是愛情，人人都是平等的。這裡的平等，包括雙方的人格精神平等、愛情姿態平等、婚姻權利平等。

　　有一句話說得好：「寧可高傲地發霉，不去卑微地戀愛。」任何時候，哪怕你真的很愛很愛這個男人，哪怕這個男子再多麼優秀，你也不能被沖昏頭腦，一味地付出自己的全部。沒有哪個男人值得你用生命去討好，你若不愛自己，只會給男人看低自己的機會。

　　然而很多女人一遇到感情問題，就會完全忘記了自我，把愛人當作生活的全部，一味地為對方付出，甚至委屈自己去取悅對方。她們在喜歡上一個男人之後，都會有這樣的想法——「對他好一點，再好一點」，彷彿如果不對他好上加好，就不足以表達自己的深情。

　　事實上，不是你拚命對一個人好，他就會領你的情，並且會理所當然地愛上你。

　　蕭蕭是一個漂亮、聰明又溫柔的女孩。平時，她不太愛說話，但是提到大學時期的一個學長，她整個人就都不一樣了，眼睛裡熠熠生輝。在蕭蕭的口中，這位學長品學兼優，陽光帥氣。兩人關係非常好，還時常相約出去遊玩，有希望發展為戀人。

　　但事情的真相是什麼呢？

輯五　懂進退，知分寸，是一個女人最好的模樣

　　蕭蕭和學長之間的感情並不算是愛情，因為學長並不喜歡她，只是她一直愛戀著學長。她和學長之間的故事，確切地說是蕭蕭對學長的單戀。

　　從大學時，蕭蕭就一直追求學長，並處於一個主動付出的狀態，經常替他打飯、洗衣服，但學長的態度始終不冷不熱。畢業後，兩人在同一個城市工作，蕭蕭更是加倍地對學長好，每天對他噓寒問暖，他經常加班，她就下班後煮飯做菜送過去給他……

　　最後，學長無奈地對她說：「我們是不可能的，我對你只是學長對學妹的喜歡，而不是你想要的那種愛情。我們真的不合適，你不要再對我好了。」之後，他乾脆封鎖了她。

　　蕭蕭很委屈，哽咽著說：「我對他那麼好，我覺得他早晚有一天會感動的。可是，為什麼我越對他好，他越不在意我？為什麼我想親近他，他卻很抗拒？為什麼我為他付出那麼多，他卻這樣對我？」

　　蕭蕭不明白的是，戀愛如下棋，你一步一步地主動出擊，以為這樣自己會贏來最終的勝利，殊不知對手根本就沒有與你對弈的興趣，最終會選擇棄子而逃。這個學長根本不喜歡她，所以即便她對他再好也是枉然，恐怕還會引來他的反感。

　　其實，很多陷入愛情的女孩，都曾經犯過蕭蕭這樣的錯誤。愛情不是討好就能夠獲得的，你拚命對對方好，為了對方

寧願放低自己的姿態,甚至卑微到塵埃裡,反而會適得其反,讓對方把你看成是負擔、累贅,甚至想要尋找機會逃離你。

對於女人來說,一味地討好對方、取悅對方,時間久了,你就會失去自我,愛得越來越卑微。一個放棄自身價值,放棄自尊的女人,又怎麼能奢望對方重視你,愛上你呢?

女人最好的選擇就是做好自己,懂得投資自己而不是其他人。任何男人都不需要一個只會討好自己的女人,他們需要的是一位有價值、能夠讓自己欣賞的女人。所以,如果你想要贏得一個人的愛,那麼就應該好好地經營自己,給對方一個優秀的你。

會吃虧是福氣,
是高情商女人的生活智慧

佳佳是一家企業行政部的人力專員。勞資處的人有檔案需要整理時,經常找行政部的人做。因為這是無償勞動,久而久之,行政部的同事們都是能躲就躲,只有佳佳時常在忙完自己的工作之後,伸出援手去做他們的「義工」。

在一年的時間內,佳佳幫勞資處做了不少事情,且沒有任何怨言。很多同事都說佳佳太傻了,吃了大虧卻依舊樂呵呵的。

輯五　懂進退，知分寸，是一個女人最好的模樣

　　一次，一個同事好奇地問佳佳：「你又不是他們部門的人，也不會得到任何好處，為什麼還要花費自己的時間和精力去幫他們呢？難道你不知道這是虧本的事情嗎？」

　　佳佳想了想，微笑著說：「我不是沒有想過這個問題，但是我剛上班時我父親就曾告訴我，運氣和機會都是你用雙手製造的，哪個公司都不可能白養你，自己多吃點虧，人家才有可能發現你的好。同事們把任務交給我，我要加班受累，如果我抗議抱怨的話，大家也許就會把這些事分給別人做。那麼，經驗的累積、同事們對你的好感度、可能升遷的機會，也就同樣分給了別人。你說哪樣更吃虧，哪樣更占便宜？」

　　在佳佳看來，幫助同事們做事不僅沒有浪費自己的時間和精力，反而讓自己學習到很多東西，贏得了很多機會。所以，她並不把這看成是吃虧，反而看成了占便宜。因為時常幫忙，她學會了公文寫作；因為寫公文，她開始對寫作感興趣，並將自己的一篇文章寄給了一家仰慕已久的刊物，三個月後她的處女作發表了，她收到幾千塊錢稿酬。

　　更重要的是，她的樂於助人、正向樂觀留給同事們了良好的印象，贏得了眾人的好感和欣賞。之後，公司投票選舉十佳青年，勞資處的投票幾乎都給了佳佳，其他同事也敬佩佳佳的大氣，當然也樂意投她的票。最終，佳佳光榮入選。

　　從某些方面來講，佳佳是吃虧了，可事實上她卻收穫了別人沒有得到的東西。她的人緣好到爆，事業節節高升，收穫了

會吃虧是福氣，是高情商女人的生活智慧

一個前所未有的精采世界。所以，吃虧不是什麼壞事，它還可能帶給你很多好運和收穫。

在生活中，若是一個女人不斤斤計較，總想著幫助他人，站在他人的角度上思考問題，覺得吃虧是福，那麼雖然表面上是吃了虧，受了一定損失，可卻得到了眾人的喜歡和尊重，獲得了內心的平靜和喜悅。這就是情商高的女人。

情商高的女人，都具有大氣度，不怕吃虧，善於為別人著想。當別人快樂的時候，她也覺得自己做的事、吃的虧有價值，這種心理讓她擺脫了狹隘、小心眼和因此帶來的煩惱。

相反，一個女人若是處處精明，時時算計別人，處處占人便宜，表面上看是得到了一些實惠，實際上卻失去了人們的尊重和信賴，成為不討人喜歡的女人。

雲是一個非常精明的女人，她的特點就是從來不肯吃虧，總想著算計別人，好讓自己占一些便宜。

上班的時候，她總是掐著點上班下班，不願意加一分鐘班。偶爾老闆有緊急任務交給她，需要加班完成，她就抱怨連連：「一點加班費都沒有，我憑什麼加班？」、「真是太過分了，我又不能按時下班了！」、「老闆實在太狡猾，想要壓榨我們的廉價勞動力，我真是太吃虧了！」

與同事相處，她也總是斤斤計較。別人尋求她的幫助，她總是推三阻四，明明能提供幫助，卻說自己做不好；明明有時

123

| 輯五　懂進退，知分寸，是一個女人最好的模樣 |

間解決問題，卻說自己抽不開身。與同事合作一個專案，生怕比別人做得多，結果做事拖拖拉拉，經常耽誤專案的進度。

她平時與朋友相處也是如此。自己過生日，總是惦記著朋友送自己什麼禮物，還想著挑選貴一些的禮物；而到了朋友生日，她卻想要在路邊攤為好友選禮物。平時逛街吃飯也是能省錢就省錢，從來就不主動買單……

表面上看，雲很精明，實際上她傻得很。她的算計都圍繞在個人利益上的得失，斤斤計較，處心積慮，總是喜歡占別人的便宜，害怕自己吃虧。結果，在工作職位上工作了好幾年，她依舊庸庸碌碌，還面臨著被解僱的危機；同事們和朋友們都對她敬而遠之，不願意和她交往，最後成為孤家寡人一個。

生活中這樣的女人不少，她們每天都在計較著自己的付出和收穫，而且不論她怎麼算，都會覺得自己吃虧了，心理更加嚴重失衡、暴躁，讓自己陷入患得患失的困境之中。

俗話說：「吃虧是福。」對女人來說，吃虧更是有氣度的一種表現。所以，我們應該學會靈活地捨棄自己的利益，懂得在一些小事上做出讓步。很多時候，吃虧並不意味著失去，反而會讓我們得到更多，贏得廣泛的人脈資源、事業，以及更美好的愛情和婚姻。

越是低調，就越能征服人心

「真正有氣質的淑女，從不炫耀她所擁有的一切，她不告訴別人她讀過什麼書，去過什麼地方，有多少件衣服，買過什麼珠寶。」這是某位著名女性作家的一句經典話語，意思是一個女人低調、不炫耀，才是真正有氣質的淑女。

低調是一種謙虛、不張揚的態度，即便是滿腹才華也不會肆意在別人面前顯露，即便是非常成功也不會到處炫耀。

她說低調的女人是最可貴的，她自己也保持著低調的品格。在未成名之前，她就一直要求自己要低調，踏踏實實做人，踏踏實實寫作。她在人前很少表現自己，始終保持平和的心態去對待人和事。

後來，她的作品越來越有名了，但她依然低調地做著自己。為了躲避應接不暇的活動邀請，她乾脆放棄繁華熱鬧的名作家的生活，帶著一家人移民到寂靜的加拿大，過著低調，幾乎是隱姓埋名的生活。雖少與人接觸，但她思想尖銳，充滿現代時尚氣息的作品一部接一部地問世。

可以說，她是一位出色而低調的女子，優雅地綻放著光芒，溫柔又堅定。

那麼，什麼是低調呢？女人又如何低調地為人處世呢？

輯五　懂進退，知分寸，是一個女人最好的模樣

低調並不是說你要刻意隱藏自己，淡出別人的視線，成為角落裡的灰姑娘，而是為人處世的一種境界和風度，是在處理事情和工作上展現突出的能力，但在與人相處的過程中，又不表現出自我賣弄、張揚的特點。這就是我們平時所說的「高調做事，低調做人」。

低調不僅僅是在一文不名時保持謙虛、禮讓的品格，更是在飛黃騰達之後保持自己的謙卑、不炫耀、不張揚，有良好的德行。

同時，低調的內涵還包括腳踏實地，做好自己想做的每一件事情，有條不紊，就如同這位作家一般，透過強大的自制力和意志力，管住自己那顆功利之心，用內在的魅力征服別人的心。

生活中，有很多女人喜歡炫耀自己，表現自己。誠然，表現自己是每個人的正常欲望，是讓所有人認識自己的最佳途徑。但若是這種表現欲太過於刻意、張揚，那麼就會讓人覺得張揚跋扈，效果適得其反，實在得不償失。

艾拉是一位職場女性，有著不錯的相貌，不過你可不要把她當作中看不中用的花瓶，其實她的工作能力非常強。

艾拉也有一個缺點，那就是過於張揚，喜歡時時處處表現自己。她覺得自己曾經留過學，有能力、有樣貌，必然會成為全公司最顯眼、最突出的一個。所以，她在公司事事都以自己

為中心，希望身邊的每一個同事都能為自己服務，聽從自己的指揮。

為了展示自己的完美，艾拉無論在工作上還是在生活上，甚至在選擇男友的標準上，都高人一等。無論在哪裡，她都想方設法地將自己設定成最受矚目的一顆明星，將公司其他同事當作自己的陪襯。一旦她的這種虛榮心不能夠被滿足，就大發脾氣。

由於工作努力和成績突出，艾拉受到了公司的表彰。在公司的總結大會上，艾拉高調地發言說：「我所取得的成績是大家有目共睹的，我能取得這樣的成績，在於我凡事都不會只看表面，就像下象棋，我喜歡走一步看三步，目光長遠，高瞻遠矚是我的最大優點，也是我的性格。」

看看她的話多麼不謙虛，多麼張揚和驕傲。這樣的話語，怎能讓其他同事舒服呢？即便她說的話是事實，恐怕也無法得到別人的認同和支持。況且，一個人的成就離不開團隊的合作，她卻將工作的成績全都算在自己頭上，沒有看到其他員工的努力。

日子久了，任何人都不想再和艾拉合作，因為沒有人喜歡和一個自以為是、傲慢張揚的人合作，也沒有人願意做一個女人的陪襯。可惜，艾拉並沒有意識到自己身上的問題，反而埋怨同事們因為太嫉妒自己，才會孤立和疏遠自己。最後，艾拉成了公司裡的另類，始終處於被孤立的狀態，甚至連工作都很難進行。

輯五　懂進退，知分寸，是一個女人最好的模樣

過分展示自己，太過高調的女人，最終只會被人拋棄，被孤立。例子中的艾拉就是過於高調，顯得太張揚了，所以才引起眾人的反感。

作為女人，你可以成為事業有成的女強人，可以盡情地展現自己的能力和才華，但是卻不能太過於張揚，不懂得謙虛和低調。因為真正的才華並不是炫耀得來的，真正的能力也不是宣揚出來的。真正情商高的女人，從來不會炫耀自己，而是克制自己的表現欲，以低姿態來面對所有的人和事。

你可以不圓滑，但要懂世故

素有「成人教育之父」之稱的卡內基曾經說過這樣一段話：「我經常去釣魚，雖然我喜歡吃香蕉，喜歡吃草莓，但我釣魚的時候不會把香蕉和草莓放在魚鉤上，因為魚喜歡吃蚯蚓。」

用簡單的一句話來概括，就是你想要釣魚，就要摸清魚的喜好，然後按照牠的喜好再下魚餌。否則的話，你只能空手而歸。釣魚是如此，與人交往也是如此。在人際交往中，你需要研究他人的喜好，投其所好，才能建立良好的人際關係。

我們只有先迎合別人的興趣，說對方喜歡聽的話，並且把話說到點子上，做別人感興趣的事情，才有可能讓別人關注我

們的興趣,從而贏得別人的喜歡和贊同。

或許有人會問,這是不是太圓滑了?可圓滑又有什麼不好?你懂得說話的技巧,迎合別人,才能讓自己融入這個社會,拉近與別人之間的關係;你善於讚美、誇獎,說出別人愛聽的話,才能贏得別人的喜歡。

當然你可以選擇不圓滑,但是你卻不能不懂得人情世故。一個人只有懂得人情世故,知道見什麼人說什麼話,才能在這個社會上立足。

林曉豔最近應徵到一個新公司擔任經理助理一職。由於林曉豔熱情開朗,還很會說話,深得同事和主管的喜歡。

其實,這都源於林曉豔懂得「投其所好」這一說話技巧。來到新公司之後,林曉豔開始進行細緻的觀察。當她得知自己的頂頭上司是個比較保守的人時,她就毅然把之前的波浪捲髮改成柔順直髮,超短裙變成了淑女裙,每天都以樸素端莊的形象出現在他面前,很快便贏得了主管的好感。

此後,林曉豔並沒有鬆懈,而是充分發揮自己熱情開朗、樂於助人、慷慨大方的優點,抓準時機主動與上司交往,建立了朋友般的關係。當然,林曉豔並不是經常圍著主管轉,而是設法順應上司的性格特點。

林曉豔得知,她的主管有一個最大的愛好,那就是打羽毛球。於是,本來對羽毛球這項運動不感興趣的她,苦練了好長

輯五　懂進退，知分寸，是一個女人最好的模樣

一段時間，然後頻頻在主管常去的一家俱樂部露面，並每次都和主管一起對陣、切磋球藝。在多次交往中，林曉豔與主管成了好朋友，與此同時，上司也水到渠成地了解了林曉豔身上的優點和才能，在工作中對她委以重任。

由此可見，在人際交往的過程中，要想建立和諧的人際關係，我們就要懂得些人情世故，學會投其所好。如果我們都能做到「投其所好」、「避人所忌」，那麼我們就會開啟交際的大門，擁有非常好的人緣。

當然，我們這裡所說的迎合他人的想法，「投其所好」，並非是曲意逢迎，而是充分發揮女人天性中的敏感與善良，用真心與他人的情感互動。只要你付出真誠，哪怕只是一句讚美，都會在不經意間縮短你與他人的距離，為你贏得良好的人際關係。不妨再來看一個故事：

一位歌手在成名之初，曾經有這麼一段行程安排：從紐約飛往香港，在香港小住一段時間，再到東南亞參加表演。

當時，她需要演出一到兩個精采的短劇，希望得到香港一位作家的幫助。

這位作家學貫中西，文筆風趣，但平時繁忙，而且脾氣古怪。同時，身邊的朋友還告訴她，這個作家不知道她需要什麼樣的短劇，可能會安排不出時間或者倉促而就，使雙方都不愉快。

最後,她的朋友提供了她一個建議,讓她去找這位編劇,但在談話時要有所注意,最好先跟作家聊聊他的作品,再談自己的事。

歌手聽後,就開始透過網路和熟悉的朋友,了解了這位作家的大部分作品,還收集了他的很多採訪錄影和錄音。幾天過後,歌手高興地對朋友說:「我按照你教我的方法去做了,作家很爽快地就答應了我的請求。」

不難看出,說話做事不僅要靠智商,更要靠情商,知道如何說話才能贏得別人的喜歡,如何把話說到對方心坎裡,讓對方欣然接受你的意見。這不是我們所說的圓滑,而是為人處世的小技巧。

情商高的女人就是不圓滑,但是懂世故,更懂得說話的技巧,所以才能在社交關係中遊刃有餘,成就最好的自己。

輯五　懂進退，知分寸，是一個女人最好的模樣

輯六
高情商不是鑽營取巧，
而是成為自己的貴人

　　情商的修養，不是向外的，而是向內的，重在對自我成長的管理。情商高的女人絕不會鑽營取巧，她們只會在意真正有意義的事情，堅持默默做一件事情，那就是：內外通透，身心合一，專注於自己，提升自身價值，塑造個人品牌。

輯六　高情商不是鑽營取巧，而是成為自己的貴人

絕不將就，追求最好才能做到最好

我的一個朋友，活得優雅而自律。這位朋友是一個追求完善的人，所有事情，不做則已，只要去做就要做到最好。她經常對別人說的一句話就是：「你要記住一點，若能做到最好，就別勉強將就。」

她從小是一個非常普通的女孩，學習成績並不好，考大學時因為幾分而落榜。當時家裡經濟狀況不好，父母便對她說：「沒考上就沒考上吧，女孩子家識些字已不錯。」

全家人為她規劃的未來是這樣的：考上一所師範大學，畢業後在國小做一名教師，平平穩穩過一生。但是她沒有接受這樣的安排，她說：「我還年輕，我的人生有無數種可能，我不能這樣將就過之後的日子，我要追求更好的人生。」

在她的堅持下，父母同意她復讀，但要求她這次一定要考上，否則只能接受他們的安排。這一年裡，她廢寢忘食地複習，瘦了好幾公斤。她說：「我每天只睡四五個小時，其餘時間都用來複習，我就要上最好的學校。」當她拿到一所頂尖大學的錄取通知書時，親戚朋友們幾乎沸騰了，大家都敬佩她的執著和努力。

大學畢業後，她很順利地進了一家還不錯的公司，可她並沒有覺得自己應該放棄努力，而是更加嚴格地要求自己。工作期間，她努力做到最好，很快就成了公司出類拔萃的員工，頗

> 絕不將就，追求最好才能做到最好

受主管的重視。

對於一個女孩子來說，談戀愛、結婚似乎是最重要的事情。而她由於忙於事業，耽誤了自己的終身大事，將近三十歲還沒有結婚。為此，父母、親戚朋友們都忙著為她介紹對象，還不停地催著：「差不多就行了，別把自己拖老了！」、「你不能眼光太高了，遇到合適的就定下來吧。」

可是她卻堅定地說：「我就要找到自己的意中人，絕不將就。如果連自己的終身大事都將就，那麼生活還有什麼意義呢？」

父母說：「你呀，從小就倔，從來不懂得將就。」

她卻反駁說：「將就？為什麼一定要將就呢？事情沒有去做之前，就先告訴自己將就著過，那就不用做了。若是能夠做到最好，就別將就，否則我們永遠也別想得到什麼好結果！」

三十歲那年，她風風光光地出嫁了，對方是一個高大帥氣又貼心的青年才俊，她終於找到了屬於自己的愛情。

不管任何事情，如果你抱有將就的心態，做個差不多就滿足了，那麼永遠也得不到什麼好結果。慢慢地，你就會失去原本的能力，滿足於得過且過，讓自己失去努力、追求的欲望。

然而可悲的是，我們身邊不乏抱有將就心態的女人，做什麼事情都覺得差不多就可以了。

「不就是螺絲擰歪了嗎，又影響不了大局。」、「不就是報表裡錯了一個數字嗎，下次注意點就行了。」、「不就是檔案頁碼裝

輯六　高情商不是鑽營取巧，而是成為自己的貴人

訂錯了嗎，下不為例就是了。」……可真的差不多就可以了嗎？

答案是否定的。很多事情表面上看著差不多，實際上卻差得很多。我們時常說，差之毫釐，謬以千里，說的就是一個小細節的差距都可以產生天壤之別的差距，更何況我們所謂的「差不多」呢？

君君做什麼事情都力求差不多，時常掛在嘴邊的話就是：「凡事只要差不多就好了。」

君君小的時候，媽媽叫她去買幾顆柳丁，她買了幾顆檸檬回來，還對媽媽說：「柳丁和檸檬不是差不多嗎？」媽媽氣不過，切開檸檬給她吃，結果她差一點被酸掉大牙。

後來，君君在一家貿易公司做祕書，她認為自己的工作很簡單，根本不值得全心投入，更不必花費太多精力，於是敷衍工作，只做到差不多就行了。結果，她常把十字寫成千字，千字寫成十字，為此經常受到主管的責罵。

一次，公司的採購員到一家小麥產區採購小麥，產區負責人給出的價格是每噸小麥一千元，採購員問公司老闆：「小麥每噸一千元，價格高不高？買不買？」老闆調查了一番市場，對她說：「哪有這麼高的價格，現在最高的價格也不到九百元，通知採購員，就說價格太高！」君君趕緊發郵件給採購員說：「不太高。」

沒幾天，採購員帶著簽訂的購銷合約回來了，老闆莫名其

妙。追查原因才知道，君君發郵件時，「不」字的後面少了個句號。如果履行合約就會帶給公司一百多萬元的經濟損失，後來經過多次協商賠償對方十萬元才算了事。當然，君君最後被辭退了。

日子一天一天過，君君越發憂鬱，她問自己：「這就是我的人生嗎？為什麼活得如此失敗，毫無任何亮點可言？」可這又能怪誰呢？若不是她凡事都敷衍，又怎麼會過得如此失敗？

當你抱怨自己生活不理想，或命運不濟時，不妨問問自己：「我做到全力以赴了嗎？我發揮了自己的最好水準嗎？」如果沒有的話，那麼就不要抱怨什麼了，因為你根本沒有資格抱怨。

把所有的事情都做到最好，這不僅是做事態度的問題，更是人生態度的問題。一個情商高的女人，絕不會把「差不多」掛在嘴邊，因為她知道這會成為人生的局限，會影響自己人生的品質。

不要把生命浪費在閒言碎語上

偉玲是一個普通的女人，什麼都好，就是特別喜歡抱怨。不管大家去哪裡玩，吃什麼東西，在什麼時間，她都會喋喋不休地大吐苦水。而她每天抱怨的事情，無非就是有些同事憑什麼晉升得比自己快，工作上哪個同事設計自己，為了保全職位

> 輯六　高情商不是鑽營取巧，而是成為自己的貴人

不得不拉攏同事，等等。

開始和她在一起的朋友還經常安慰她，不必為這些事計較。但是這些安慰和勸告卻沒有一點效果，她根本聽不進去。朋友也只好聽之任之了，喜歡聽就聽聽，不喜歡聽就打個岔。後來，朋友們有聚會，都不願邀請她了，因為任何人都不願意把時間浪費在聽她那些毫無意義的抱怨上。

很多女人不願意被人說「頭髮長，見識短」，可偏偏有些人就是格局太小，目光太淺。偉玲就是這樣的人，她每天不是處心積慮地和人勾心鬥角，就是為雞毛蒜皮的小事憂心勞神。結果，她的生活越來越糟糕，內心越來越煩惱、憋屈。

我們生活在這個社會，每天都要與各式各樣的人交往，每天都要處理各種事情，面對各種壓力，有些抱怨和牢騷也是在所難免的。但是，若是每天糾結於這些繁雜瑣事，把時間和精力都浪費在抱怨和吐槽上，那麼就會浪費掉寶貴的時間和生命。

生命是寶貴的，時間也是寶貴的。你若是不能讓自己從生活瑣事中抽身，不能讓自己從閒言碎語中脫離出來，那麼你的生活就會雜亂無章。

聰明的女人不是沒有煩惱，也不是沒有委屈，但她們不會把時間浪費在抱怨上。她們有控制自己情緒的能力，有掌握自己生活的智慧，而且善於把眼光放在更重要的事情上。因為她們的格局夠大，心胸夠寬廣，眼界夠長遠，所以她們不會在一

個小世界裡打轉，她們在乎更重要的事，忙著自我提升，忙著生活情調。而她們也活出了屬於自己的精采，成就了最美好的自己。

偶然的機會，我認識了一位大學老師，這位老師不過二十七歲，但思想活躍，見解開明，有足夠大的格局。

很多人認為大學老師是這世上最舒服的工作——每週就幾節課，不用朝九晚五地上班，不用應酬難搞的客戶，一年還有三個月的大長假……多麼逍遙，多麼自在！如果你是這樣想，那就大錯特錯了，至少這位老師的生活並非如此。

這位老師負責教授學生們哲學和思想政治課程，這兩門課程都是很枯燥無味的，但她卻能講得深入淺出、生動有趣，所以非常受學生的歡迎。由於在教學上突出的表現，她被評為「年度優秀教師」。

「木秀於林，風必摧之」結果幾個不得志的女同事不服了，她們暗地裡寫了一封匿名信給校長，說她年少輕狂、愛出風頭。

一位資歷老的同事公開對人說：「我從教幾十年了，教學經驗豐富，要是評優秀教師，也應該輪到我了。憑什麼她這麼年輕，就搶了這麼好的機會？」這位同事說話很不客氣：「有些人爬得真快，也不想想是誰在替她墊背。」、「人家年輕人長得好看，機會自然多……」

任何人遇到這樣的事情，都會氣憤難平吧！可這位老師卻

| 輯六　高情商不是鑽營取巧，而是成為自己的貴人

絲毫沒有受影響，對那些無事生非的人敬而遠之，然後繼續專心地上自己的課。她關心學習相對落後的學生，調停學生矛盾；她四處奔走聯繫優質的企業，為學生尋找實習和就業機會；安排校園講座的大小事⋯⋯這一系列工作，使她在學生心中樹立了威望，贏得了敬重和愛戴，也一次次得到了校長的表揚。

她心平氣和地對朋友說：「我是來工作的，而不是來『宮鬥』的。作為老師最重要的就是教書育人、授業解惑，現在我把時間和精力都用在了我的學生身上，雖然累點，但內心清靜，而且學生們如此認可我，我感到很滿足。」

這位老師視野廣，見識多，她明白重要的事情是什麼，所以始終朝著自己既定的目標前行。這才是一個女人應該有的大格局。

「人生最怕格局小」，這句話說得一點都沒錯。女人可以有小情調，但是不能沒有大格局。當然，這所謂的大格局並非指擁有雄心抱負、夢想計畫，而是指一種為人處世的眼光和胸懷。有大格局的女人有走出狹隘自我，不為外物所擾，不為瑣事而煩，放眼看世界的心境。

請相信，你的世界足夠大，實在不應該把時間浪費在那些無關緊要的事情上。走出狹隘的自我，放大自身的格局，如此一來，你的生活才會變得更加精彩，迎來更美好的明天。

幸運就是在人們看不到的地方努力

幸運就是在人們看不到的地方努力

很多女人時常抱怨說:「為什麼她如此幸運,可以輕鬆獲得成功?可我卻這麼倒楣,怎麼努力也無法成功?」、「憑什麼她這麼好運,能夠得到老闆的青睞,升遷加薪?而我卻只能做個平庸的小員工?」

這些成功的人真的僅僅靠幸運嗎?答案當然不是!

一個人成功與否,固然與環境、機遇、天賦、學識等外部因素相關,但更重要的是自身的勤奮與努力。只有你付出了汗水,才能有收穫的機會。只有你努力打拚了,才能得到想要的成功。

那些看上去非常幸運的女人,你往往只是看到了她們成功後的笑容,卻忽視了背後那些不為人知的汗水。她們是用努力換來了所謂的「幸運」。

人們都說,馬靜是一個幸運的女人。要不然,她學歷一般,能力也不出類拔萃,怎麼能在短短三年時間裡從一名文祕晉升到部門經理呢?只有馬靜自己清楚,她的成績完全是因為工作勤勉,一步步走上去的。

剛進這家公司時,只有大專畢業的馬靜很不起眼,部門裡學歷高、能力強的人才層出不窮。馬靜自知自己沒有什麼優勢,只有比別人更勤奮。

輯六　高情商不是鑽營取巧，而是成為自己的貴人

最初，馬靜每天的工作就是整理、撰寫和列印一些資料。這原本是一件很簡單的工作，但是馬靜卻想為公司多做一些事情。由於整天接觸公司的各種重要檔案，又學過有關財政方面的知識，細心的馬靜發現公司財務運作方面存在問題。

於是，除了完成每日必須要做的工作外，馬靜開始蒐集關於公司財務方面的數據，常常在公司加班。經過一段時間後，她又將這些數據分類整理，並進行分析，最後一併影印出來交給了老闆。老闆詳細地看了一遍這份材料後，感到很欣慰。當然，為了表彰馬靜的功績，老闆不僅替她加了薪，而且還提拔她為經理助理。

後來，公司的一位文祕因急事突然離職了，留下許多需要緊急處理的工作。其他同事都不太情願接手，這時馬靜主動請纓，暫時接管了下來。於是，她的工作就變得忙碌起來，除了幫助經理做好各項事務之外，她還要兼顧整理、撰寫和列印資料等工作。

這段時間裡，馬靜每天都很辛苦、很勞累。值得高興的是，她的工作能力得到了經理的高度認可。後來，公司開設新部門時，馬靜直接被任命為經理，她的事業和生活上了一個新臺階。

馬靜得到老闆的重用，獲得比他人更多的成功機會，是因為她好運嗎？

> 幸運就是在人們看不到的地方努力

不！是因為她勤奮，堅持勤勤懇懇地去努力，去付出。即便她是好運，那麼她的好運也是用拚命努力換來的。

付出總有回報，這是千古不變的法則，凡是在事業上取得成功的人總是比別人做得更多。所以，不要埋怨自己的收穫比別人少，為什麼不冷靜想想你夠勤奮嗎？

一個女人越努力，就越成功、越幸運。不管到什麼時候，最終得到美好未來的人，無不經歷千辛萬苦，無不付出了別人無法想像的努力和汗水。這是我們不能否認的真理，是我們獲得成功的關鍵途徑。

不要等著好運憑空降臨到你頭上，因為從來就沒有天上掉餡餅的好事。況且即便有這樣的好事，你就能保證輪到你嗎？若是你不肯行動，只是坐著等待天上掉餡餅，就算上帝想要幫你，也沒有任何辦法。不是嗎？

說到這裡，想到一個笑話：

有一個好吃懶做的中年人，整天揣著兩隻手東逛逛西溜溜，卻又總想著發財致富，這天他來到教堂禱告：「上帝啊！看在我對您虔誠的份上，就讓我中一次樂透吧！阿門。」

幾天後，他又來到教堂，同樣祈禱著：「上帝啊！你就讓我中一次樂透吧，以後我一定更加虔誠地服從你。阿門！」

又過了幾天，他再次到教堂禱告，但是頭等獎都被別人中

143

輯六　高情商不是鑽營取巧，而是成為自己的貴人

了，壓根就沒有他的份。

又過了幾天，這位中年人變得無比絕望，抱怨說：「我的上帝呀！只要我中一次樂透，我願終生侍奉您，您為什麼不聆聽我的祈禱呢？」這時，上帝發出了莊嚴的聲音：「可憐的孩子呀！我一直都在聆聽你的禱告，可是，最起碼你也應該先去買張樂透吧！」

這個故事看似可笑滑稽，但是卻讓我們明白了一個深刻的道理，那就是你不付出、不努力，永遠也不可能邁向成功。故事中這位中年人過於懶惰，成天想著中樂透，卻一次也不買樂透，一點也不付出，即使上帝發善心真想幫助他，也幫不了他啊！

所以，不要總是羨慕別人的幸運和成功，抱怨自己的倒楣和失敗。因為你在做白日夢的時候，別人已經拚命在努力了，當你乞求上帝賜予你好運的時候，別人卻始終努力著、付出著。

事實上，每一個幸運女人的背後，都有你看不到的努力；每一次獲得的背後，都有著不為人知的辛酸。如果你想要和別人一樣幸運，就需要付出自己的努力和汗水。

當然，需要注意的是，一時的努力和付出並不難做到，但要一生努力和付出卻不是一件很容易的事情。因為成功需要一種持之以恆的精神，需要堅韌的性格和堅強的意志，需要數年如一日地付出心血和汗水。

我們只有克服懶惰的想法，始終堅持努力，才能收穫別人眼中的「幸運」。

尊重他人，是一個女人最好的品格

美國心理學家威廉・詹姆士（William James）說過：「人類天性至深的本質，就是渴求被人重視。」他說的不是「希望」，或「欲望」、「渴望」，而是說「渴求被人重視」。所以，如何顧全對方的自重感是人際溝通的一大學問，也是打動人心的關鍵因素。

簡單來說，每個人都喜歡那種被人重視、被人尊重的感覺，都希望自己被別人肯定。與人相處時，如果我們能夠給予他們足夠的尊重，那麼就會輕鬆地打動他們的心。相反，若是我們不重視對方的意見或想法，沒有給予其足夠的尊重，那麼對方就會情緒低落，甚至可能產生怨恨的心理。

當然，生活中你若是想要得到別人的尊重，就必須做到先尊重別人。想要別人怎麼對待你，你就必須怎麼對待別人，因為尊重是相互的。

傳說，古代有個國王，為了打退敵國的入侵，特地向一個巫婆求助。

巫婆答應幫助國王，但她提出一個條件：要嫁給這個國王

輯六 高情商不是鑽營取巧，而是成為自己的貴人

的兒子──一個英俊的王子。

這個巫婆是個醜八怪，而且還總是滿嘴髒話，讓人感到很不舒服。國王為了國家的利益答應了她。

擊退敵軍後，國王選了一個黃道吉日，替王子和巫婆舉行了婚禮。婚禮宴席上，眾賓客因為巫婆醜陋的外表和缺乏教養的談吐而感到不舒服。

將這一切看在眼裡的王子說：「我遵守我的諾言，同時我也尊重你的習慣。」

聽了王子的話，巫婆高興極了。

到了晚上，當王子進入洞房之後，他驚呆了。原來，床頭坐著一個溫柔而漂亮的女子，而這正是巫婆的原形。

這個女子對他說：「由於你尊重我的感受，我決定也尊重你的感受，我會用一半的時間恢復我的原形，但是你希望是白天恢復還是晚上恢復呢？」

這個選擇讓王子感到有些為難。一方面他希望白天陪在他身邊的是這樣一個溫文爾雅的女子，這樣就會讓賓客們看到王子的新娘是個如花似玉的美女；但另一方面，他又希望自己晚上面對的是容貌美麗的女子……王子索性不去選擇了，他對巫婆說：「無論你選擇什麼時候變回你的原形，我都尊重你的選擇。」

聽了王子的回答，巫婆笑了笑說道：「既然這樣，那我決定

尊重他人,是一個女人最好的品格

從今以後不管白天還是晚上,我都以這樣一個美麗的形象去面對你和賓客們。你尊重了我的感受,我也要成全你。」

這雖然只是個傳說,但是我們不難理解其中蘊含的道理,那就是:在人與人之間的交往中,尊重是基礎。

人們需要的是別人的尊重,想要獲得一種自豪感。一旦你讓他感覺到了自己的重要性,讓他有足夠的權利和自由,那麼他的自信就會擴大,從而讓他變成一個和善、善於溝通的人。

當然,由於成長環境和所受教育的不同,人與人之間難免會意見不同,使得我們喜歡某個人會格外困難。實際上,這是很自然的事。但是我們要知道,每個人都有他值得尊重的品性。

打個比方,如果你的朋友說「最近我好像胖了很多啊」,這時候你要是跟上一句「看來你要變成肥婆了啊」,那就太不聰明了。或許你會說,是他自己先說了他的缺點,我不過是附和一下罷了,有什麼關係呢?殊不知,人家自嘲是智慧,但要是從你的嘴裡說出來就是揭人家的傷疤了。

一般來說,涉及別人的短處,觸及他人的傷疤,都是傷害別人自尊、不尊重他人的表現。你若在大庭廣眾之下揭他的短,讓他下不了臺,即使你的初衷是善意的,也會讓對方產生誤解。即便是好朋友之間,友誼的橋梁也會頃刻間坍塌。

有些女性雖然聰明、伶牙俐齒,在交際場上口若懸河、滔

輯六　高情商不是鑽營取巧，而是成為自己的貴人

滔不絕，但是卻不懂得尊重他人，時不時忽略對他人的尊重，以致於說話口無遮攔，做事肆意妄為。比如她們喜歡揭別人的傷疤，或是有意無意提及別人的敏感之處。

在大學的時候，巧巧和麗麗住同一個寢室，兩人關係特別好，無話不說。後來，巧巧發現麗麗從來不提自己父母的事，於是就隨口問了出來，麗麗一下子眼睛就紅了。原來麗麗的父母在她上小學的時候就離婚了，後來爸爸病逝，媽媽嫁了別人，自己一直跟著小姑生活。

為了安慰麗麗，巧巧也說出了自己的一個祕密──自己有狐臭。她之前做過手術，但並不徹底。因此，巧巧很害怕和別人靠得太近。

因為分享了彼此的祕密，兩人的關係更加親密了，最後兩人約定為彼此保守祕密，誰也不能將對方的祕密說出去。

可是，巧巧卻沒有守住承諾，竟然輕易地把麗麗的祕密說了出去。當時巧巧在與人聊天時，不知不覺把話題引到了單親家庭上，她隨口就說道：「你們不知道吧，麗麗就是單親家庭的孩子。可是她媽媽也不要她了，她現在和姑姑一起生活，實在是太可憐了！」

這件事情很快在班裡傳開了，大家都在背後對麗麗議論紛紛。麗麗知道事情的真相後，非常憤怒地質問巧巧：「我相信你，當你是最好的朋友，才把自己的祕密告訴你！沒想到你是

這樣的人,竟然辜負了我的信任!從此之後,我們再也不是朋友!」

麗麗因為信任巧巧,把自己的祕密和傷痛告訴了巧巧。可是,巧巧卻隨意把這個祕密說了出去,這是對麗麗的極度不尊重。最終,巧巧失去的不僅僅是友情,還有周圍人的信任和尊重。

尊重別人是高情商女人的基本修養,我們要時刻讓別人感受到我們的尊重,別讓他人感覺你是口無遮攔,不懂得尊重人的女人。只有做到時時處處尊重別人,我們才會得到別人的尊重。換句話說,尊重別人,就是尊重自己。

你可以溫柔,但必須態度鮮明

曾經看過這樣一個故事:一位年輕的英國設計師,有幸參與了某城市政府大廳的設計。這樣的機會對於任何一名設計師來講都是十分值得珍惜的,尤其對他這樣一個年輕的設計師來說更是如此。為了設計這座政府大廳,這位設計師傾盡心力,做出了多種方案。其中一個方案是只需要一根柱子便可支撐起大廳的天花板,他認為這個方案是最完美的。經過一年多的時間,大廳建設完畢,看起來無可挑剔,完美至極。

然而,令所有人意想不到的是,就在相關專家對大廳進行驗

輯六　高情商不是鑽營取巧，而是成為自己的貴人

收的時候，有人對這根柱子提出了異議。他們認為這種做法太過冒險了，於是提出再多加幾根柱子。年輕設計師對此意見持反對態度，他相信自己的設計是萬無一失的，這一根柱子足以保證大廳的穩固。他將相關數據和例項詳細地列舉了出來，並一一分析給驗收的專家們看。

可是，專家們從未見過這樣的設計，他們憑藉自身的經驗，都認為這樣不合理。為此，他們還因為設計師的頑固而試圖將他送上法庭。迫於無奈，那位年輕設計師最終同意在大廳的四周再新增四根柱子。

之後，這座市政府大廳矗立了三百多年，市政府的工作人員換了一批又一批。這一年，市政府準備將大廳的天花板修繕一下。就在工人對大廳的天花板進行檢查的時候，發現了一件令所有人無比驚訝的事。原來，當初新增的那四根柱子全都沒有接觸天花板，而是與天花板相隔了幾乎無法察覺的兩公釐。

這位年輕設計師的名字叫克里斯托弗・雷恩（Christopher Wren），事後人們在他的日記裡發現了這樣一段話：「對於自己的設計，我非常有自信，我相信設計的合理性和科學性。至少一百年後，當面對這根柱子時，你們會啞口無言的。我要說明的是，那時候在你們面前的，不是什麼奇蹟，而是我對自己的一點堅持。」

沒錯，只要你堅信自己是正確的，就應該堅持下去，不要在乎別人的看法，更不要受別人觀點的左右。事實上，很少女

人能夠堅持自我，反而會因為種種原因妥協、退讓，做出違背內心的決定。

比如，在周圍人的催促和暗示下，你與不怎麼愛，卻被稱為「最適合」自己的人捆綁在一起，一輩子過得不幸福。

再比如，你看中了一件漂亮的連衣裙，因為價格太貴了捨不得買，你就買了另一件便宜的，可心裡有了最美的那件連衣裙，其他的就變成了「次」的，「次」的再怎麼便宜，也彌補不了內心的遺憾，不是嗎？

聰明的女人一定是一個有態度的女子！這所謂的態度，就是有自己的主張，堅持自己的堅持，不因為別人而妥協，不因為環境而退讓。在與人相處的過程中，我們可以做一個溫柔感性的女人，但必須態度鮮明，堅持自己應該堅持的。方怡就是這樣一位有態度的女性。

方怡看起來是一個很隨和的女人，說話很溫柔，總是微笑，對人也是很友好的。但很快，我發現了她的另一面。

方怡不怕總編輯催稿，也不怕得罪下屬，凡是她負責的稿件，她都要求品質一定要上乘，所以上交給她的稿件，一般都會被要求修改很多次。一次一個同事提交的稿件，前前後後修改了五六次，方怡還是提出了很多意見，並要求該同事繼續修改。

這位同事受不了，當著方怡的面說她是「拿著雞毛當令

輯六　高情商不是鑽營取巧，而是成為自己的貴人

箭」。方怡沒有生氣，而是態度強硬地說，稿子必須重新修改。正因為如此認真，方怡負責的稿件一直是雜誌社裡最好的。

平時方怡看起來很好相處，實際上不是好搞定的人。據說，和方怡相過親的男人能坐滿三四桌，其中不乏有錢的、有權的、長得帥的……可方怡就是一句話：「沒眼緣！」

有人好奇地問她：「真的沒有合適的嗎？為什麼不找一個人試一試呢？」她嚴肅地說：「無論是事業，還是愛情，千萬不要輕易妥協，妥協只是看起來省力了，但只要你退了一步，哪怕是小小的一步，你就很難再有力氣往前邁進了。」

做自己，堅持做好自己，這就是一個女人最大的智慧！所以，不要為了別人而為難自己，做自己想做的事，然後態度鮮明地堅持自己，並勇於承擔不妥協的代價。

相信你的堅持定能帶給你豐厚的報償，比如更多的自由、內心的平靜和喜悅、夢寐以求的生活等。

輯七
請相信，
沒有一副肩膀能代替你的一雙翅膀

同一件事情，不同的人去做，往往會有不同的結局，差別就在於人的意志力和抗壓性不同。情商高的女人通常擁有更強大的內驅力，意志堅定，即使困難重重，也不會逃避不會退縮，而是不斷自我激勵、自我鞭策，將夢想付諸行動，將不可能變成可能。

輯七　請相信，沒有一副肩膀能代替你的一雙翅膀

多些耐心，廢墟上也能開出花朵

　　她是一個普通的女孩，由於家庭貧困，父母生病，她很早就輟學了。小小的年紀，她便要擔負起養家的重任。她十四歲那年，來到了離家不遠的小鎮上賣酥油茶。為了吸引更多的客戶，她的杯子總是比別人家的大一號，自然也受到了人們的喜歡。

　　透過辛苦的工作，她攢下了一筆錢。她不想始終生活在這小鎮上，更不想一直過著貧窮的生活。於是，她決定將攤子搬到市區，並且改賣當地特有的茶類。這一年，她十七歲。製作這種茶是很麻煩的一件事，但是她憑藉著自己的努力，很快便掌握了其中的技巧。很快，她便在市區站住了腳，生意也慢慢地好了起來。

　　之後，她繼續發展自己的生意，把以前的小攤換成一間小門市。這一年，她二十歲。經過幾年的磨練，她已經成為一個老到的生意人，懂得如何吸引更多的客戶。每次有客戶上門時，她都提供周到熱情的服務。因為她的酥油茶品質很好，絕對不會出現濫竽充數的情況，深得客人信賴，總是臨走前從這裡買上幾袋酥油茶。

　　到了二十四歲的時候，她已經和茶打了十年的交道。幾年後，她在各地擁有了五十多家茶樓。茶商提及她的名字，總是讚不絕口，因為她從來不拖欠茶款，茶商也願意將最好的茶賣

給她。

當然這並不是她的終極目標,她最大的目標就是讓原本習慣喝咖啡的國度也能洋溢著茶的香氣。隨著社會發展速度的加快和各種新事物的層出不窮,總會出現一些一夜暴富的神話,但是她始終耐心地和茶水打著交道,耐心地與品茶的人打交道,她說:「我是個賣茶的,也永遠是一個賣茶的,我一定會一條路走到底。」

就這樣,在三十歲那年,她把自己的茶莊開到了新加坡、泰國等。

有人說她是幸運的,成為人人羨慕的成功人士。可是,如果不是擁有足夠的耐心,不浮不躁,默默堅持,她又怎麼能獲得如此的成功?

少一些浮躁,多一些耐心和堅持。多一點耐心,你的努力便可以沉澱;多一份堅持,你的付出便會開出花朵。

然而,生活中的很多女人卻缺少這樣的特質。她們談起理想總是意氣風發,可是一到做事就心浮氣躁,朝三暮四,淺嘗輒止,從來不肯為一件事傾盡全力,結果只會讓自己步伐慌亂,離成功之路越來越遠。她們經常抱怨「我不如××運氣好,沒有遇到好的機遇。」、「我沒有人家的實力和本事,只能做一個普通的人。」

輯七　請相信，沒有一副肩膀能代替你的一雙翅膀

　　芳芳是一個個性張揚、不拘小節、打扮時尚的女孩，這是她留給眾人的第一印象。如果不是她自己說，任何人都想不到，這個師範畢業的二十三歲女孩，在短短的兩年時間竟然跳槽五六家公司，最長就職時間六個月，最短只有十五天。

　　芳芳找的第一份工作是在一家幼稚園當舞蹈老師，每天教孩子們唱歌跳舞，感覺挺好的，作為一個實習生薪資兩萬多也算勉強可以，但她愛買衣服，買化妝品，再加上房租、吃飯等，每月所剩無幾。於是，芳芳在同學的介紹下，坐火車到一家私立貴族幼稚園應徵並如願以償。

　　第二份工作每月薪水比之前高了近兩倍，但芳芳做了幾個月，就備感孤獨。於是，經朋友介紹，她到了一家貿易公司做文祕工作。可工作了不到兩個月，她又堅持不住了，於是甩手走人。

　　芳芳見一個親戚在開電商，於是也開了一間電商來賣服裝。愛漂亮的她感覺這份工作很對自己的興趣，又非常自由，不用朝九晚五，興致挺高。但她很快又發現，做電商也不是一件輕鬆的事，不僅要自己進貨、拍照、上傳，和顧客交流，還要面臨電商之間激烈競爭帶來的巨大壓力，所以很快她又放棄了。

　　畢業兩年了，芳芳卻依然沒有一個穩定的工作。對此，她十分苦惱：「我感覺工作和生活的壓力太大了，經常會莫名其妙地處於焦躁不安之中，頭痛、失眠，而且動不動就想發脾氣……」

像芳芳這樣的女人缺少的不是實力和本事，而是缺少沉穩的內心，做事情時太過浮躁，總是淺嘗輒止，結果總是一事無成。與其如此，不如平息內心這股浮躁之氣，沉下心來踏實做事。

放眼看那些情商高的女人，哪一個不是不浮不躁，默默堅持？她們褪去了稚氣與浮躁，做事情沉穩踏實，最終做到了對工作和生活的絕對掌控。

有愛情，也要有買麵包的能力

有一個學妹，大學期間愛上一個男孩。她每天寫一封情書給男孩，表達自己的濃濃愛意，並同步發到自己的Facebook上，這樣做了大半年。男孩不勝其煩，不僅無情地拒絕了她，最後甚至把收到的情書貼在宿舍下的公告欄裡。

此事在學校鬧得沸沸揚揚的，學妹一時間成了眾人嘲笑的對象。她深受打擊，一蹶不振，遲遲走不出這個陰影。

對這個執著的女孩，我很惋惜她把大好時光浪費給了愛情，認真思索一番後，才勸解道：「愛情這件事，不是傾盡所有，就會有好結局，但工作不一樣，只要你是真的努力，它一定不會辜負你。如果感情讓你傷心了，那就去拚命工作吧。例如，你現在大可以利用自己的時間和精力，寫點別的東西，而不是情書。」

輯七　請相信，沒有一副肩膀能代替你的一雙翅膀

在我的建議下，學妹開始堅持把自己每天的想法和出去看到的事情以文字的方式記錄下來。就這樣，她的文筆得到了很好的鍛鍊，在別人還在焦慮畢業去向時，她已經在一家報社實習，並在畢業之際順利地留下來。後來，她與報社的一位男同事互相吸引，談起了戀愛。

「努力工作的女人最美」，這是曾經最為流行的一句廣告語，此語一出立即在社會上引起一陣不小的轟動，不但使職業女性情緒高漲，而且讓非職業女性躍躍欲試，還成了男人們評價新時代女性美的重要標準。

工作除了讓女人經濟獨立，還可以讓女人實現自己的價值，令女人散發出無與倫比的魅力，這是塗多少化妝品都無法做到的。

首先，努力工作的女人可以自己賺的錢自己花，自己的生活自己做主，這最能讓女人找到人格上的尊嚴。面對自立自強的女人，相信每一個人都會由衷地讚嘆她的美麗的。

同時，工作讓女人不被拘束在那狹小的家庭生活的空間，可以廣泛深入地了解這個社會。工作的女人視野開闊，心也會隨之變得澄明，能時常煥發一種蓬勃的氣息。當你工作的時候，你不是蒼老的，說明你還有年輕的鬥志，還有對未來的渴望，讓人看上去時刻都容光煥發。

有句話說得好：靠山山會倒，靠人人會跑，只有自己最可

> 有愛情，也要有買麵包的能力

靠。女人最靠得住的資本是什麼？是自己的能力！所謂能力包括賺錢的能力，即擁有一份自己的工作，擁有一份自己的收入，如此才能更好地追求自己的幸福。

生活中，很多女人總是幻想美好的愛情，把「有情飲水飽」當作至理名言，可事實真的如此嗎？

菁在大學期間愛上了一個家境不富裕的小夥子，而且那人近三十歲仍然三天兩頭換工作，拿著微薄的薪資。父母不能接受，但菁堅持愛就是一切，畢業後不顧父母的反對嫁給了對方。

婚後不久，菁懷孕了。菁之前就沒有上班，現在懷孕更不可能找工作了，而丈夫每月薪資只有三萬多元，只能滿足基本的生活所需。為此，菁不得不學會勒緊褲腰帶過日子，經常為了柴米油鹽與攤販討價還價。

菁以為兩個人相愛就行，錢不重要，但現實卻給了她重重一擊。孩子出生一年後，菁的母親突發腦溢血，昏迷兩個多月後，總算恢復了意識，可惜身體留下殘疾，半個身子不能動。

作為獨生女，菁希望能幫助父母分擔一部分生活費，但丈夫卻說自己背負不起。菁抱怨了幾句，誰知丈夫居然氣呼呼地說：「你不是不在乎受苦受累嗎？怎麼現在就開始嫌棄我了？若是這樣，我們乾脆分開吧！」

之後，兩個人經常因為錢吵架，菁無奈地向朋友哭訴說：「婚姻光有愛情是不夠的，愛情不是麵包，不能當飯吃。現在活

159

輯七　請相信，沒有一副肩膀能代替你的一雙翅膀

得這麼累、這麼尷尬，我真後悔當初沒有聽父母的話⋯⋯」

女人的頭腦可以充滿風花雪月的愛情，但絕對不能少了維持生活的麵包。沒有麵包做保障，再美好的愛情也是空中樓閣，雖美，卻不實用。

我們不能說菁的丈夫變了，辜負了菁的愛情，而是因為生活實在太難了，他自己支撐這個家也並不容易。試想，如果菁能撐起這個家，有自己的一份收入，有自己的謀生方式，他們的生活會不會好一些？他們之間的愛情和婚姻是不是更加長久和諧呢？

所以，一心嚮往愛情的女孩們應該明白一個道理：沒有麵包的愛情寒酸無比，沒有愛情的麵包索然無味。我們一定要努力生活，至少能養活自己，將來在遇到喜歡的那個人的時候，能驕傲地說「你給我愛情就好，麵包我自己會買」，從而贏得對方的尊重和愛。

克服「不可能」，你便是自己人生的王

玫琳凱（Mary Kay）是一位了不起的女性，有一本女性刊物刊登了她的傳奇故事。

一九一八年，玫琳凱在美國德州休士頓市的一個小鎮出生

了。由於家境貧困,父親又患上肺結核臥病在床,母親為了全家人的生活不得不在一個餐廳中每天工作十四個小時以上,玫琳凱就當起了爸爸的廚師與護士。

對於年僅七歲的玫琳凱來說,無論是照顧父親,還是做家務,都是非常複雜、棘手的事情。有時候,因為不知道怎麼操作,玫琳凱只好一次又一次地打電話給母親求教。「你做得到」、「你一定可以」,這是母親經常對她說的話,它們激勵著玫琳凱積極向鄰居、護士們學習做飯、醫護等工作。

很多年後,高中畢業的玫琳凱和當地一位叫羅傑斯(Rogers)的男子結婚了。但是命運似乎有意和她過不去,丈夫服完兵役回來後與另一個女人走了,留給她三個孩子。當時的玫琳凱沒有工作,也沒有任何經濟來源,怎能撫養得起三個孩子呢?她陷入了人生的谷底。

不過,很快玫琳凱想起母親的鼓勵——「你做得到」、「你一定可以」。於是,玫琳凱很快從婚姻的陰影中走出來,找到了一份既能餬口又不至於完全打亂家庭生活的直銷工作,帶著三個孩子艱難地生活著。

一段時間後,憑藉自身的勤奮和努力,玫琳凱成為一名十分出色的銷售員,拿到年薪兩萬五千美元的高額薪酬,為三個孩子創造了優越的成長條件。退休後的玫琳凱打算寫一本書,指導女性在男性統治的商界裡生存,但後來一想,既然自己有這麼多的經驗和想法,為什麼不自己開一家公司呢?

輯七　請相信，沒有一副肩膀能代替你的一雙翅膀

開公司可不是一件容易的事，但玫琳凱相信自己能做到，她用「你能做到」的精神來激勵其他女性加入自己的事業。就這樣，玫琳凱公司的業績越來越好，從一個名不見經傳的小公司成長為美國最大的護膚品直銷商，而玫琳凱本人獲得的各種獎項更是不計其數。

多年後，玫琳凱在一次活動中，深深地表達了對母親的感激之情，她說：「母親告訴我，只要你願意相信自己，相信自己一定能做得更好，你就能完成世界上的任何事情，這培養了我對成功、對美好生活的堅定信念⋯⋯」

玫琳凱的故事告訴每一個女人，不要對自己說「不可能」，除非你已經拼盡了全力！只有相信自己，努力做到最好，發揮自己的潛能，你才能贏得成功和別人的讚賞。

你可能一直以來都很普通、很平凡，但請相信只要你足夠相信自己，並且努力做自己想要做的事情，就有能力和機會光彩照人，贏得美好人生。

千萬不要對自己說：「不可能⋯⋯我不行⋯⋯我的學歷太低了⋯⋯我長得不漂亮⋯⋯我的能力也不高⋯⋯我能做的就這些了⋯⋯」要知道，「不可能」是你對自己的宣判，一旦你替自己貼上這樣的標籤，那麼就很可能什麼也做不好。

兩年前，一位女孩北漂求職，女孩的叔叔是一位成功的企業家。由於比較了解姪女的能力和才華，他寫了一封推薦信給

> 克服「不可能」，你便是自己人生的王

一家通訊企業的總工程師，推薦自己的姪女去面試。可他的姪女卻認為自己的能力有限，遲遲沒有去面試。

這時候，女孩的父親打來電話。父親也非常了解自己的女兒，他想到女兒之所以不去叔叔推薦的公司，很可能是怕自己應徵不成功，或者擔心應徵成功了卻不能做好，到時候讓叔叔丟面子。於是，父親講了一個故事給她聽。

有人做過這樣一個實驗：將一隻跳蚤放進玻璃杯，跳蚤跳的高度一般可達到它身體高度的四百倍，如果再增加一些高度，跳蚤就跳不出來了。但是當他把一盞酒精燈拿到杯底之後，跳蚤越來越熱，等到熱得受不了的時候，牠就「嘣」地一下跳了出去。

聽完父親講的這個故事，女孩決定試一試，於是撥通了那家公司的人事經理的電話，並約好了面試時間。在面試之前，她的心情還是有些忐忑，不過她定定神，告訴自己：「我可以！」

面試過程非常順利，她的表現十分優秀，一舉贏得了在場所有面試官們的好評。後來，她成了這家500強企業的部門經理，而且做得十分出色。

你是不是也如這個女孩一樣，曾經懷疑自己的能力，認為自己肯定做不好某件事情？其實，信心是一種態度，它雖然不能直接給我們需要的東西，卻能告訴我們如何得到。因為，相信「我做得到」的態度，會激勵我們想如何去做的方法。

輯七　請相信，沒有一副肩膀能代替你的一雙翅膀

世界上沒有一件事是絕對「不可能」的，事情一開始，任何人都不知道結果怎樣，在心裡多念幾次「我做得到」，並將這一信念運用到實際生活和工作中去。只要你願意行動起來，就有機會突破自我，做成以往認為不可能做到的事，成為一個有能力的女人。

越活越美的女人到底長什麼樣

珊珊長相普通，身材平平，但她一直是個有夢想的女人。上學時，她夢想自己擁有青春美麗的笑容，有很不錯的人緣；工作時，她夢想自己工作能力出眾，遇見喜歡的男生；戀愛時，她想像有全世界最漂亮的婚紗，是人人羨慕的漂亮新娘；結婚以後，在瑣事繁多的婚姻生活中，珊珊嚮往假日和丈夫一起去旅行，嚮往生一個健康漂亮的小寶寶……

十多年過來了，珊珊就像拿著一支畫筆，不斷勾勒出生活的輪廓，並慢慢接近夢想中的樣子。夢想陶冶了珊珊的情操，培養了她的氣質和修養，讓她的人生充滿了希望。

在畢業之後的一次大學同學聚會上，依然年輕漂亮的珊珊讓同學們眼前一亮，尤其是一些女同學紛紛向珊珊討教祕訣。看著那些臉上寫滿了生活瑣事的同學，珊珊問道：「你們的夢想是什麼？」當即就有幾位女同學無奈地表示：「現在只想怎麼把現實中

的日子過好,管它什麼夢想。」、「這就是你們的不幸所在,因為生命裡一件寶貴的東西——夢想,已經被磨平了,消耗了。」

珊珊只是因為愛「做夢」,就擁有了比別人更多的東西。

很多人會問,什麼樣的女人越活越美?看了珊珊的故事,我們便可以明白,夢想是美好的,它可以給女人幸福愉悅的體驗,可以讓女人變得越來越美麗。

一個女人無論到了什麼年紀,過著怎樣的生活,都應該有追求夢想的心。因為夢想是一個人內心對人生、對自己的一種希望,失去了夢想,人們就只能過著渾渾噩噩的生活,甚至放棄自我。

有一位作家曾這樣說過:「一個有夢想的人和一個沒有夢想的人生活在完全不同的世界裡。如果你與那種沒有夢想的人一起旅行,一定會覺得乏味透頂。一輪明月當空,他們最多說月亮像一個燒餅,壓根不會有『明月幾時有,把酒問青天』的豪情;面對蒼茫大海,他們只看到海水,絕不會像安徒生(Andersen)那樣想到美麗的小美人魚……」

誠然,每個人都有屬於自己的夢想,都曾經有一顆追求夢想的心。只是隨著年齡的增長,有些人漸漸地遺忘或是割捨了最初的夢想。也許一開始不覺得有什麼,等到時過境遷,才會感覺到自己的生活似乎沒有預期中那麼美好。

輯七　請相信，沒有一副肩膀能代替你的一雙翅膀

可真的是生活沒有那麼美好嗎？不，你之所以感覺生活不美好，感覺被生活辜負了，是因為你丟失了自己的夢想，丟失了追尋美好的那顆心。

菜菜雖然算不上是校花，但也算清新脫俗，而且擅長畫畫，夢想著成為一名出色的畫家。但是大學畢業後她不是第一時間去找工作，而是與相戀六年的男友結婚，接著就是懷孕生子。

老公平時工作很忙，公婆住得偏遠，她一個人一邊帶孩子一邊做家務，沒多久就滿腹怨言：「我時常感到身心疲憊，生活無聊枯燥。這個年紀，本應該是在職場上打拚一番，閒暇時和朋友喝茶聊天，遇到假日還可以出去旅遊。如果可以選擇，我寧願不結婚⋯⋯」

朋友問她：「你不是夢想著成為畫家嗎？那麼你現在還畫畫嗎？」

聽到這樣的問題，她只是深深地嘆了一口氣：「哪還有時間畫畫啊，每天就是圍著丈夫和孩子轉。」

雖然菜菜只是我們身邊的一個例子，但她身上折射著很多女性朋友的影子。她們因為生命中出現了一個他，出現了一個可愛的孩子，過起了瑣碎的生活，就放棄了自己的夢想。

然後，在接下來的人生中，她們被生活中繁雜的瑣事占據了大部分時間，以致於活得渾渾噩噩。談及夢想，她們只能無奈地說：「夢想終究只是實現不了的一場奢望，不過是小孩子的

狂妄罷了。」、「工作那麼忙，還有孩子、家庭需要照顧，哪有時間追求夢想啊！」

事實上，一個真正善待自己的女人，無論生活多麼繁瑣，處境多麼艱辛，都會為自己編織華美綺麗的夢想，善待自己的夢想，追求自己的夢想，並用夢想陶冶自己的情操，滋養自己的生活，將灰色的現實加上粉色的底片。無疑，這種女人是懂得生活樂趣的，她們的生活也是多彩多姿的。當然，夢想並不是口頭上的，你得努力去實現它，否則一切只是空想。

有一些女人不是沒有夢想，而是只限於口頭立志，根本沒有付諸行動。她們無非就是過過癮罷了，說完之後就把美好的理想和宏偉的藍圖拋到九霄雲外了。用一句通俗的話說，她們就是「言語的巨人，行動的矮子」。

有個女生喜歡寫作，想要成為一名作家，於是她經常跟別人討論一些寫作計畫與技巧。一天，她向一位出版社的老師諮詢：「老師，我很想出書，可就是下不了筆，怎麼辦？」

老師不解地問：「你為什麼下不了筆？是不是因為沒有構思好，你寫目錄大綱了嗎？」她立即發了自己寫好的大綱，給這位出版社的老師。老師看了這個大綱，內容是關於女人如何實現自強自立的，有幾個點寫得還不錯。對於這些愛好寫作的人，這位老師向來都是喜歡的，於是就鼓勵她道：「寫得還不錯，你按照這個大綱寫下去。如果有需要的話，我可以替你把關，還

輯七　請相信，沒有一副肩膀能代替你的一雙翅膀

可以幫你聯繫幾個出版社的朋友。」

她說了幾句感謝的話，稱以後再聯繫，就下線了。

有一天，這位老師在另一個群裡又看見她跟別人聊寫作計畫，說得慷慨激昂，隔著電腦螢幕都能想像出那一副熱情滿滿的樣子，這位老師於是忍不住問她：「上次說的那個寫作計畫怎麼樣了，我還等著看你的作品呢。」

她不好意思地說：「哎呀，最近工作比較忙，經常加班，那個寫作計畫只能推遲了。」老師直接對她說：「那你可以晚上寫，或者週末。」

她說：「晚上回家做飯吃，忙完就很晚了。週末還要逛街買東西，更沒時間。」

老師又說：「其實也花不了多少時間，你可以每天抽時間寫兩千字。」

她說：「寫作又不是簡單的事，有時也沒有思路。」

總之，老師每說一句話，她總有解釋的理由。最後這位老師根本不願意管她了，她自己都不知道努力和堅持，別人又能怎麼辦呢？難道還要逼著她嗎？

這個活生生的例子告訴我們：不去付諸行動，夢想再美都白搭。

女人的夢想可以與個人喜好和憧憬有關，比如插花、養魚、替布偶設計服裝、雕刻、寫作，等等，也可以與個人事業有關。

不管你是愜意地在自己的小世界裡寫美好的童話故事，還是在熟悉的領域做一朵鏗鏘玫瑰，只要你有夢想，並且堅持下去，那麼全世界都會為你讓路。

腳踏實地邁好每一步，方可爬上最高的山峰

王琴是一名音樂系的大三學生，她替自己制定了一個目標，就是成為一名出色的音樂家，但是她在音樂方面的發展不順遂，這使得她一會雄心萬丈，一會隨波逐流，想了許多辦法都沒有擺脫這種境況。「唉，為什麼我不能夠成為音樂家？」、「成為一名音樂家就這麼難嗎？」王琴向大學老師傾訴自己的迷茫。

「想像一下你五年後在做什麼？」老師說，「別急，你先仔細想想，完全想好，確定後再說出來。」

沉思了幾分鐘，王琴回答道：「五年後，我希望能有一張自己的唱片在市場上發行，而且這張唱片很受歡迎。」

「好，既然你確定了，我們就把這個目標倒推回來，」老師繼續說道，「如果第五年你要有一張唱片在市場上發行，那麼你的第四年一定是要跟一家唱片公司簽合約，你的第三年一定是要有一個能夠證明自己實力、說服唱片公司的完整作品，你的第二年一定要有很棒的作品開始錄音了，你的第一年就一定要

輯七　請相信，沒有一副肩膀能代替你的一雙翅膀

把你所有要準備錄音的作品全部編好曲，你的第六個月就是篩選準備錄音的作品，你的第一個月就是要把目前這幾首曲子完工。那麼，你的第一個星期就是要先列出一個清單，排出哪些曲子需要修改哪些需要確定，對不對？」

「不要去看遠處模糊的東西，而要動手做眼前清楚的事情。把手頭上的事情做好，始終如一，你就會實現你所想的目標。」老師意味深長地說。

聽了老師的話，王琴猶如醍醐灌頂。自此，她不再沉溺於那種虛無縹緲的期盼，接下來的一個星期她列出了一整套清單，然後開始投入地做每一件事情，無論手頭上的事是多麼不起眼，多麼繁瑣，她都認認真真地去做，最終成了一名出色的音樂家。

可見，我們不能總是盯著遙不可及的目標，而是應該看著自己的腳下，以立足的地方為起點，踏踏實實地走好腳下的每一步。而我們每走一步都是在縮短成功的距離，都是為實現夢想而努力。

任何偉大的夢想都是一步步完成的，任何大目標都是由很多小目標組成的。實現偉大的夢想和目標，實際上就是去做那些小事情，只有把小事情做好了，實現了小目標，透過一點一滴的累積，才能最終實現大目標。這就是古文中說的「不積跬步，無以至千里；不積小流，無以成江海」。

可是，並不是所有人都明白這個道理。

> 腳踏實地邁好每一步,方可爬上最高的山峰

有一個二十幾歲的女孩,她畢業於頂尖大學,能言善辯、才華橫溢。在應徵某公司時,她留給公司老闆極深刻的印象。當時她應徵的職位是銷售總監,見多識廣的老闆也被她的雄心壯志嚇了一跳:一個初出茅廬的女孩居然敢應徵這麼高的職位,是真有過人之才還是太狂妄?在接下來的一個小時裡,女孩侃侃而談,講述了自己對工作的種種構想,聽得老闆直點頭。

最終,女孩被錄用了,但老闆讓她先到業務部擔任助理的工作,先在基層鍛鍊一下,再慢慢提升,其實這也是對她的一個鍛鍊。可惜女孩卻未能體會老闆的用心良苦,她覺得讓自己當助理簡直就是大材小用,決策型的人才被白白浪費了。因此,對於分給她的「小事」她根本就不曾用心去做,實用的知識、技能也不看在眼裡,她整天想著自己什麼時候才能坐上銷售總監的位置。

就這樣過了三個月後,老闆給了女孩一次機會——讓她全權組織一場促銷活動。女孩覺得這只是小菜一碟,馬上就開始行動。沒想到看花容易繡花難,她不知道怎麼培訓促銷員,不知道怎麼和商場方面溝通,不知道怎麼布置會場⋯⋯結果可想而知——女孩很快就被公司辭退了。

看見了吧,一個好高騖遠,不能腳踏實地、從小事做起的人,根本沒有未來可言。可現實生活中這樣的女性不在少數,她們總是有很高的夢想,盯著很多很遠的目標,卻無法腳踏實地地走好腳下的每一步。她們眼高手低,小事瞧不起,也不願

輯七　請相信，沒有一副肩膀能代替你的一雙翅膀

做，大部分時間都沉浸在自己宏偉的夢想中，不能做出什麼成就，曾經的雄心壯志變成人們茶餘飯後的笑料，夢想則成了又空又大的幻想。

要知道，即使再高的山，都必須一步步地向上爬。遠大的夢想、高遠的目標，雖然我們可以心嚮往之，但是如果沒有努力的決心和踏踏實實走好腳下每一步的心態、毅力，那麼無論你能力多高，目標多大，也無法真正有機會走向成功。

或許有人會說，每天一步步地走，只做一些小事，聽起來好像沒有沖天的氣魄、沒有轟動的聲勢，可細細思索一下：成功不就是一點點累積的嗎？積跬步以至千里，積小流以成江海。沒有漫長的量的累積，怎麼可能有質的飛躍？

每天一步一腳印，雖然看似距離成功和夢想太過於遙遠，但只要你努力和堅持，那麼就可以在不動聲色中創造一個震撼人心的奇蹟。

洛杉磯湖人隊老闆以年薪一百二十萬美金聘請了一位教練，他們希望教練能夠透過高明的訓練方法，幫助隊員們提升戰績。但是，教練來到球隊之後，卻沒有什麼獨特的訓練方法，而是對十二個球員這樣說道：「我的訓練方法和上任教練一樣，但是我只有一個要求，你們可不可以每天罰籃進步一點點，傳球進步一點點，搶斷進步一點點，籃板進步一點點，遠投進步一點點，每個方面都能進步一點點？」

天啊！這是什麼訓練方法，老闆在心裡偷偷捏了一把汗。不過，他很快就改變了自己的態度，佩服起教練來。因為在新賽季的比賽中，湖人隊大勝其他球隊，勇奪 NBA 總冠軍。對於自己的「戰果」，教練總結說：「因為十二個球員每一天在五個技術環節中分別進步百分之一，一個球員就進步百分之五，而全隊就進步了百分之六十。這些天來，他們每天堅持進步一點點，可想而知他們的進步有多大……」

所以，女性朋友們，不要總盯著遙遠的目標，也不要奢望快速實現夢想。因為你的未來，藏在當下的每一步中。

自己的選擇，跪著也要走下去

每個人的人生都面臨著各式各樣的選擇，每逢這個時刻，我們總是考慮，選擇 A 還是選擇 B 好呢？經常是比來比去，左右權衡，也遲遲做不了決定。

這看似擔心選擇錯誤，不知道選哪個好，其實背後是不願承擔選擇後的責任，害怕承擔選擇所帶來的一切後果。可我們終歸要學會主動地選擇，學會對自己的選擇負責，否則誰又能對你的人生負責呢？

有時候不管是選 A 還是選 B，並沒有對錯之分，不管你

輯七　請相信，沒有一副肩膀能代替你的一雙翅膀

選擇了哪個方向，都是對的選擇，因為這符合你的心願，能不能為這個決定承擔後果，勇於為自己負責任，這才是最關鍵的問題。

每個人都應該為自己的生命負責，這真的很重要，如果總想別人來替你做決定，你就把自己的力量給了別人。當你越來越多地把力量給了別人，寄希望於他人，你就會收到更多的失望。

女孩彤大學畢業後決定留在家鄉工作，而男友卻考上了另一個城市的研究生，不提分手也不提未來。彤向男友尋求承諾，他閉口不言，彤就果斷提出分手。

朋友問及原因時，彤冷靜地說：「本來應該是兩個人一起面對選擇，他卻選擇不承擔也不拒絕，將選擇需要承受的結果全部轉嫁在我身上，這其實是一種自私。」

朋友問她是否難過，是否為多年的感情感到可惜。她笑了笑，接著說道：「與其承受被動的選擇而將自己的命運交給別人擺布，不如選擇主動地對自己的人生負責。如果這真是一段錯過的良緣，那我也願賭服輸！」

彤就是這樣一個聰明的女孩，因為她知道沒有人能夠為自己的人生負責，唯一能夠為自己人生負責的人只有自己。而且她更明白，既然選擇了就不後悔，按照自己的想法勇往直前，因為這樣要比抱怨更能對得起自己。

> 自己的選擇，跪著也要走下去

　　這種對自己選擇負責的態度，倒是給了彤不錯的結果，她後來真的遇到合適的人過起歲月靜好的日子。倒是當初猶豫不決的前男友，研究所畢業後，低不成高不就地處在待業狀態，娶妻生子更是遙遙無期。別說向別人兌現幸福生活的諾言，他都沒辦法對自己的生活負責。

　　所以，女人都應該像彤這樣勇敢，勇於做出選擇，也勇於承擔責任，主動決定自己命運的出路，而非或軟弱或自私地將選擇置於別人手上逃避責任最後被動承受後果。

　　不管是哪一種生活，都是你自己的主動選擇，沒有人強迫你這麼做。既然是自己的選擇，你也別抱怨。當你抱怨的時候，後悔的時候，不妨對自己說：「當初這不是你自己的選擇嗎，現在有什麼好抱怨的。」

　　「自己選擇的路，跪著也要走下去」，這是魏然的座右銘，並且她把這句話貫徹到底了。

　　臨近大學畢業時，最令魏然頭痛的就是工作問題。因為她是獨生女，父母希望她回到老家所在的小城市，安穩地工作，但她想留在大城市轟轟烈烈地打拚。為此，不僅父母輪番幫她找工作，父母還叫了親人和她的朋友幫她找工作，用種種方式向她施加壓力，但魏然卻堅持留在大城市。一沒錢，二沒關係，想要在大城市打拚出一片天地，談何容易，但魏然硬是跌跌撞撞，一路成長。

輯七　請相信，沒有一副肩膀能代替你的一雙翅膀

　　為了省錢，魏然最初租住在偏僻的郊區，每天上下班要花費四個小時，晚上六點準時下班，到家都要八點了。有時她晚上要在公司加班，過了十二點以後就沒有捷運了，還要叫計程車。因為路上害怕，她只好一路上和天南地北的朋友們講電話。後來，她的薪水漲了，才搬家到離公司不遠的地方，直到後來終於有了自己的房子。

　　再後來事業順風順水時，魏然辭職成立了自己的公司，期間一個投資專案出現了很大的決策失誤，讓公司造成了極大的經濟損失，資金嚴重短缺。面對這一變故，別人都說魏然不該辭職，魏然卻沒有後悔，而是說：「自己選擇的路，跪著也要走下去。」

　　最終，她選擇默默承受，把自己從銀行貸來的貸款和向朋友籌借的資金全部投到公司中，為公司的營運繼續注入血液。憑著這份堅韌，她挺過了那段難熬的日子，扛住了一切。

　　後來，魏然對別人說：「不要指望別人能為你選擇，也不要把你的選擇當成了負擔或犧牲。既然選擇了，就該為你的選擇負責。自己選擇的路，跪著也要走下去。一路走來，我一直信奉這樣的人生信條，並身體力行。很高興，這一路雖然走得艱辛，我卻很有成就感。」魏然說這番話的時候，她眼中閃爍著光芒。

　　「自己選擇的路，跪著也要走下去。」這句話是一種對自己負責的態度，更是一種堅定選擇的態度。每個人都有選擇的權

> 自己的選擇，跪著也要走下去

利，無論之後遇到什麼困難，既然你選擇了，就必須為這個選擇負責，並且一往無前地走下去。

這是因為，我們就是自己生活的締造者，我們在創造自己的生活環境，同時也在創造自己的命運。

輯七　請相信，沒有一副肩膀能代替你的一雙翅膀

輯八
在人生每個階段，
心向美好，且有力量

　　情商高的女人向來對生活充滿熱情，她們的生活從來不會成為一潭死水，因為她們總是有辦法讓平凡的日子發光。生活有時候更多的是講究一種情趣和熱忱，體驗每一天、每一刻、每一秒的美妙。在人生的每個階段，都找到生活的溫暖、樂趣和踏實，這就是我們人生的意義。

輯八　在人生每個階段，心向美好，且有力量

愛生活的女人，都自帶光芒

　　林徽因是民國時期著名的才女，她是大家閨秀，美麗聰明，學建築設計，擅長寫文章作詩，有浪漫的初戀情人，寵愛她的丈夫，敬愛她的藍顏知己，人們稱她「風華絕代」。她的個性溫婉，講究生活情調。

　　她會在月亮底下擺上蠟燭、紅酒，在一旁優雅地吟詩，並得意地對老公說：「全天下男人看到這一幕，都會暈倒！」她的老公是個樸實的理科男，木訥地說：「可是，我沒有暈倒⋯⋯」她會嗔怪道：「因為你不懂欣賞！」

　　她因疾病纏身，昔日美麗不再，卻依然非常注意儀容。朋友來看望，她會穿上帥氣的騎馬裝，在病榻上談笑自若⋯⋯

　　或許有人不屑地說：「你不覺得林徽因這種女人太做作了嗎？」還有作家也說她是一個受男人環繞，愛出風頭，工於心計的女人。這也不能怪這些女人，因為林徽因的感情生活確實有些複雜，與三個男人糾纏了一生。可從另一方面來講，任何人都不能否認，林徽因是一個優雅大方、令人著迷的魅力女人。她講究生活情調，對生活要求非常高。

　　有人這麼描述她的生活：「每逢清閒的下午，想喝一杯濃茶或咖啡，想抽幾根好菸，想坐坐溫軟的沙發，想見見朋友，想有一個明眸皓齒能說會道的人，陪著他們談笑，便不須思索地

拿起帽子和手杖,走路或坐車⋯⋯」

她優雅大方,一舉一動都展現出女人的魅力,「斜坐在層階之上,回眸含笑」、「從門外翩然的進來了,腳尖點地時是那般輕⋯⋯」

她姿態優美,注意打扮自己,「她身上穿的是淺綠色素綢綢的長袷衣,沿著三道一分半寬的墨綠色緞邊,翡翠釦子,下面是肉色襪子,黃麂皮高跟鞋。頭髮從額中軟軟的分開,半掩著耳輪,輕輕的攏到頸後,挽著一個椎結。衣袖很短,臂光瑩然。右臂上戴著一只翡翠鐲子,左手無名指上重疊的戴著一枚鑽戒,一枚綠玉戒指⋯⋯」

林徽因就是一個精緻的女子,她愛生活,懂得經營自己的生活。男人和她在一起,能夠最大限度地欣賞女性的美。

試想,這樣的女人,哪一個男人不為她著迷呢?

從林徽因身上我們知道,作為女人,你必須做到精緻。精緻的女人,熱愛生活,講究生活的情趣,強調的是一種生活品質。精緻的女人也會用心地生活,凡事都力求做到更細緻,更舒心。

比如,精緻的女人,想要喝咖啡時,會自己細心地將咖啡豆磨成咖啡粉,將水煮沸,享受自己烹調的過程;會選擇自己喜愛的圖案的杯子,然後悠閒地聽著音樂,或是坐在庭院裡,

輯八　在人生每個階段，心向美好，且有力量

享受午後的時光；還會了解一下咖啡所蘊含的文化⋯⋯

再比如，精緻的女人，不僅會為自己買各種漂亮的衣服，把自己打扮得美麗無比，還會把自己的衣櫥整理得井然有序，所有衣物都各安其位；會把每件衣服熨燙得服服貼貼，沒有一絲褶皺；會細心地挑選適合各種場合的衣服，然後搭配鞋子、包包、首飾⋯⋯

或許有人會說，我每天都忙於工作，好不容易有了休息日，腰疫背痛還有一大堆家務要做，哪有時間過精緻的生活？

如果你這樣想的話，那就大錯特錯了。如果你覺得這些事繁瑣，就說明你並沒有體會到其中的樂趣，而且，這些事真的不需要多少時間。

你的房間從不存放前一天的垃圾，每天都有幾分鐘整理打掃；你在做飯之後用一分鐘把料理臺的水漬、油漬擦淨，廚具光潔⋯⋯你真的會累積很多家務嗎？所謂的精緻生活不是要你坐在燭光下喝紅酒擺樣子，而是更多體現在細節方面，只要你能夠重視起來，那麼就能隨時隨處做到精緻。

有人會說，精緻需要清閒，是有錢人才能玩得起的。這種想法也是錯誤的，不信看看這個故事：

小倩是一位家境貧困的女孩。她的家是常人無法想像的困窘，學費都是鄉里資助的，但是她那瘦削美麗的母親經常說的

> 愛生活的女人，都自帶光芒

一句話是：生活可以簡陋但不可以粗糙。她替女兒做帶有荷葉邊的裙子、喇叭袖的白襯衫，或綢或錦或絲的旗袍，一針一線都非常認真細緻，比外面賣的要好很多。

或許正是母親的生活態度影響了小倩，她從小就養成了精緻生活的好習慣，她的杯子、飯盆、書桌等總是擦拭得纖塵不染，洗得發白的床單總是鋪得整整齊齊，她還會隔三差五在野外摘野花野草，編成精緻的花束，然後插在宿舍窗戶前的花瓶裡。雖然生活並不富裕，但是這個女孩的生活充滿了詩意和情趣。

誰說普通的女人、普通的生活就不能過得精緻？只要你有情調，肯用心，便可以讓自己成為優雅、精緻的女人，讓自己的生活充滿了情趣和詩意，綻放出不一樣的光彩。

精緻的生活離不開思想上的「風花雪月」，離不開藝術的浸染，閱讀的浸染。每天睡前翻一翻書本，休息時看看電影，聽聽音樂；閒暇的時候，煮上一杯咖啡，或是泡上一壺清茶，讓自己的思想在大師們的世界裡散步。如此一來，你的生活離精緻還遠嗎？

你走進一間房屋，看到地板被擦拭得一塵不染，明亮的玻璃從床邊一直延伸到了門口，牆壁上掛著一串淡紫色的鮮花，桌上還有序地擺放著各種精美的小飾品……這一切景象是不是會流露出一種恰到好處的美麗，散發著光芒？

輯八　在人生每個階段，心向美好，且有力量

所以，作為女人，如果你不想一輩子過庸俗、無趣的生活，就讓自己變得精緻起來。給生活一點情調，給自己一些樂趣，那麼你的生活就會美麗無比，令人心曠神怡。

真正高貴的女人，都有一顆寬容的心

生活中總會有一些不和諧的音符——有人可能會不喜歡你、反對你，甚至有人會與你發生一些矛盾衝突等。這些人的存在，也許會讓你感到生活的不順，會讓你的天空蒙上一層陰影。這時候，是選擇和對方對抗，還是選擇寬容，試圖與對方和解呢？

對一個情商高的女人來講，她們肯定會選擇後者。一個有教養、有魅力的女人從不會揪著別人的過錯不放，更不會打人臉，揭人短，而是選擇寬容。

什麼是寬容？不妨看一個小故事。

路旁，一朵小小的紫羅蘭花開了。有人從路上跑過去時，一隻腳踩了紫羅蘭。「你疼嗎？」樹上的小鳥問。「雖然很疼，也要原諒，人們不是故意踩我的呀！」紫羅蘭這樣說著，靜靜地挺直了身軀，然後把身子一晃，好聞的香氣濃郁地瀰漫開來。

當被一隻腳踩到的時候，紫羅蘭非但不埋怨，還將一縷幽

> 真正高貴的女人，都有一顆寬容的心

香留在那隻傷害了它的腳上，將芳香撒滿人間。踏花的人無情，紫羅蘭卻有情，這種品格就叫寬容。

然而，很多年輕女孩不能受一點委屈，一旦對方惹了自己，就必須狠狠地回擊對方。可結果又怎麼樣呢？她回擊了對方之後，自己感到舒服嗎？事後再想起來的時候，還覺得自己做得很對嗎？到最後沒有遭到對方的記恨和報復嗎？

很明顯，除了感到一時痛快之外，她並沒有感到有多舒服。

李小姐是一家廣告公司的設計師，有一次她被經理安排到外面約見客戶，前臺小田不知情，記了李小姐請假，結果月底的時候被扣發了薪資。李小姐非常氣憤地去找小田理論，說：「你搞錯了吧，我什麼時候請假了，憑什麼扣發我薪資。」

小田去詢問了經理，才知道自己搞錯了，但是她心想：即使是我記錯了，也是有原因的，你也應該好好說。於是，她也沒跟李小姐說好聽的：「公司規定職員因公務外出時，要記得和我說一聲，當初你沒說我怎麼知道。」

李小姐一聽更加氣憤，指責道：「是你自己的工作沒有做好，你怎麼怨起我來了？你一個小小的前臺，憑什麼這麼趾高氣揚？告訴你，你必須補發薪資給我，而且要向我道歉。」

小田頓時漲紅了臉，「你怎麼這麼說話，你……」

就這樣，兩個人都不肯退讓，從鬥嘴到最後大打出手，同事們為此議論紛紛。很快，主管也知道了這件事情，說兩人影

185

輯八　在人生每個階段，心向美好，且有力量

響公司的團結，破壞企業文化，給予兩人警告處分，還扣除了兩人當月的獎金。

這樣一來，李小姐和小田結下了梁子。平時，李小姐有快遞送到公司，小田既不幫忙簽收也不立即告知。

這讓李小姐感到非常氣憤，可她並沒有什麼辦法，因為小田並沒有違反公司的規定，這些事情並非在她的工作職責之內。這時，李小姐才意識到，自己的斤斤計較替自己造成了多大的麻煩。

寬容是一種品格，更是一種魅力。這種魅力不僅使你贏得了別人的好感，也成就了自己。若是沒有寬容之心，揪住別人的錯不依不饒，甚至用更激烈的方式回擊，除了引起衝突，你並不會獲得什麼好處。你的斤斤計較、睚眥必報可能還會招來別人的反感，帶給自己更多不良的後果。

可見，凡事要懂得替人留面子，得饒人處且饒人這句話真的很有道理。生活中，只有涉世不深，教養不夠才會斤斤計較、針鋒相對，而情商高的女人，懂得寬待他人，對他人的錯誤報以寬容。

與李小姐相比，琳琳是一個懂得寬容的女人。在她身上，人們總能感覺到一種平和與寬厚。她是一個不世故的女人，不論對老人還是新人，一樣親切有禮。即使有人刻意針對她，她也不會找機會為難對方，總是能夠諒解對方的心情和難處。即便有人誤會她，她也不會心生抱怨，而是耐心地向他人解釋，

> 真正高貴的女人，都有一顆寬容的心

或是一笑了之。

因為她具有寬容的品德，所以人緣非常好，不管是同事、朋友，還是左鄰右舍，都喜歡和她交往。

有一次，琳琳被同事不小心撞了一下，扭到腳，要在家休息半個月。一個週日，這個同事帶了一份小禮物去她家看望，然後愧疚地向她表示歉意。可琳琳卻笑著說：「你又不是故意的，我怎麼會怪你呢？再說了，我當時也沒有注意周圍的情況，否則的話怎麼會摔倒呢？」她還安慰這個同事，讓她別太內疚。事後，這個同事和琳琳成為最好的朋友。而在她休息這段時間，同事們都紛紛前來探望，主管們也表示了自己的關心。

說一個女人「好」，說的不就是這種情況嗎？她出了事，大家都想著她，這都源於她在平日裡處處為別人著想，對人總是表現出寬容、理解的態度。

人心不是靠武力征服的，而是靠愛和寬容征服的。寬容的女人，是人群中的「修」女，她們的修行並非為了某種信仰，而是一種善念，一顆平和的心。寬容，就是摒棄自私、狹隘、粗野、勢利等，追求一種自然、純樸、善意的交往方式，而這恰恰讓她們產生了巨大的「凝聚力」。

有人說：真正高貴的女人，都有一顆寬容他人的心。一個女人只有擁有寬容的心，才能摒棄私心雜念，內心坦坦蕩蕩，才能更輕鬆地獲取屬於自己的幸福。

輯八　在人生每個階段，心向美好，且有力量

失敗不可怕，
可怕的是你預設自己的失敗

　　當年，春月因為五分之差沒能考入理想的學校。因為家境不好，又不想復讀。當時，有人勸她說乾脆隨便上一所專科學校，或者讀一個高職學校。春月並沒有聽從大家的建議，而是選擇了另外一條路。春月開始了辛苦的打工生涯。在熟悉了工作流程之後，春月覺得自己有必要學習點東西了，她開始自學，希望考上當地一所頂尖大學。

　　一邊要工作，一邊要學習，有過自學經歷的朋友都知道，這條路走起來很是辛苦，但春月毅然地勤奮苦學。面對渺茫未知的將來和異常艱難的專業知識，她既不畏懼，也不說苦。當母親問她如果失敗了怎麼辦時，她微笑著回答：「我不會失敗的，只要我學到了這些知識，就算成功了。」最後，她順利拿到了曾經和自己錯失的大學畢業證書。

　　之後，春月依然辛苦地工作，認真地學習。三年後，她又拿到了會計師的證書。有了這個證書，加上之前的工作經驗，春月的「身價」一下子飆升到年薪百萬。

　　如今，春月已經是一家跨國公司的財務主管了。

　　在跌倒中爬起，在失敗中奮起，春月能有今天的成績離不開她的這種性格。內在的韌性和個性從裡到外悠悠地散發出來，

> 失敗不可怕，可怕的是你預設自己的失敗

這樣的女子，不必刻意表現，其自身魅力也就一覽無遺了，而且人生也會迎來美好的結局。

所以，當你因為失敗和挫折而感到頹喪時，不妨讓自己抽離出事情本身，清醒地問問自己：「我為什麼會遭遇失敗？」、「我應該如何做才能將失敗的損失降到最低？」、「我能夠從這次失敗中學到什麼？」、「下次遇到這樣的事情時，我應該怎麼做？」……

一旦你從失敗中學到了東西，並且把每次失敗的危機都變成一次完善自我、提高自己的機會，那麼你就可以實現一次次自我蛻變，最終獲得想要的成功。

遺憾的是，很多女人並沒有這樣的認知和態度，一遇到失敗就放棄了，就失去再站起來的勇氣。有的年輕女性受一些傳統觀念的影響較深，認為自己存在性別弱勢，於是習慣性地放棄、放棄、再放棄。她們只看到和她們一樣徬徨的芸芸眾生，於是認定這便是人生。

她是一名留學美國的學生，從小成績就優秀，可來到美國之後才發現原來外面的世界真的非常大，自己真的很渺小。她想要努力追趕別人，證明自己還是最優秀的那一個。於是，她開始想了很多，也做了很多計畫，但是不管做了什麼，卻發現這種差距一直都在。

到外面實習，別人總是優先選擇男生，因為男生更有力

輯八　在人生每個階段，心向美好，且有力量

量，做事效率更高，結果更好；找工作，企業也更喜歡錄用男生，因為男生思緒更活躍，而且沒有女性之後的生育和家庭問題。於是，她徬徨了，猶豫了。

她不禁反問自己：「既然嘗試了總是失敗，我為什麼還要嘗試呢？既然努力也追趕不上別人，我的堅持還有什麼意義呢？」

所以她時常因為失敗而哭泣抱怨，因為被別人輕視而悔恨惋惜。很長時間內，她都無法從失敗的陰影中走出來，以致於不敢進行再一次的嘗試。結果，她被打敗了，一蹶不振，不再做任何努力，只找到一份普通的工作，成為庸庸碌碌的人。

她的遭遇可悲嗎？真的非常可悲！可是，可悲的不是她屢次失敗，遭到別人的拒絕和歧視，而是她因此而放棄自己，甘願過庸碌無為的人生。

親愛的讀者，如果你也有這樣的想法，那麼，請收起來吧！這個世界不會因為你是女人而對你網開一面，更不會因為你是弱者而對你有所同情。換句話說，你同樣需要靠自己的奮鬥，靠自己的打拚獲得屬於自己的成功。哪怕失敗了，也不要就此氣餒，而是告訴自己：跌倒了，站起來就好。

正如世界名著《老人與海》中說的：「你可以被打敗，但不能被打倒。」其中的意思一目了然，它道出了人可以失敗，但不能因為失敗而一蹶不振的道理。

所以，女性朋友們，如果你失敗了，不要總是強調「我失敗

了」,而是應該不斷地鼓勵自己爬起來;不要把不成功當成是人生的定局,而是要相信自己,積極地突破自己並且不斷地向前邁進。如此一來,你才不會被失敗擊倒,才能把荊棘小路變成通往成功的康莊大路。

守住初心,將生活過成詩

　　有一個「為自己設計一款服裝」為主題的活動。在活動現場,有一個女孩,展示了自己設計的一套服裝。她穿著那身寬鬆、色彩豔麗的服裝向大家走來時,也將自己的嬌蠻、活潑、俏皮的小女生形象展示在大家面前。

　　之後,這個女孩站在鏡頭面前解釋說:她不想長大,想為自己留下一抹純真和童心;她不想讓社會的複雜和黑暗,將自己心中的那一份純真也汙染。她的話感動了現場的每一位觀眾,評審們也感動了。據說,評審們在女孩強調不想長大、要為自己留下一份純真時,他感動的眼眸裡閃動著淚光。

　　人最難守住的就是初心,人最寶貴的也是初心。只有不忘初心,不懼這個世界的黑暗,你的內心才能明亮如初;只有不忘初心,無論遇到什麼樣的困難,你的未來都能精采無比;同樣,只有不忘初心,無論世界多麼糟糕,你都可以走出黑暗。

輯八　在人生每個階段，心向美好，且有力量

面對眼前的阻礙，面對社會的浮華，守住初心，點亮內心的那盞燈，才能不畏難不退縮地走過黑暗，迎接光明。

她出身於一個貧寒家庭，父親早逝令她早早輟學，之後她在一家服裝加工廠工作。她聰慧勤奮，工作認真，以一己之力供養了寡母和弱弟。長大之後，她幸運地嫁給了一個愛她的男子，儘管婚後她做起了家庭主婦，但她是一個情趣高雅的女子，尤喜書畫，做家務之餘，以與丈夫欣賞字畫為樂，此時的生活於她與他，泛著世俗之外美好詩意的光澤。

這樣美好的日子，如果一直走下去該多好啊，可是人世間之事，暢心快意何其難求！十幾年後，丈夫突然因病去世了，她不得不重新走入社會。儘管她已經青春不再，又面臨著競爭激烈的環境，但她待人和氣，處事自然得體。她練達而不失真誠，大事小事周到全面，贏得了眾人欣賞。

可以說，不忘初心的女人，內心是美好而又高貴的，不會被世俗蒙上塵埃，她們默默地用一種人格的高貴創造著一個比自己容顏更美的世界。即使暫時貧窮、素面朝天，也遮掩不了她氣質上的光華，恰似「紙墨飛花」，令人尋味……

誠然，一個女人在社會上打拚是不容易的，但是這不意味著女人就必須圓滑，做一些違背本心的事情。生活雖然清苦，日子雖然難過，可若是你能夠保持初心，用善良美好的心來對待自己，對待這個世界，那麼整個世界也會變得更加美好起來。

可悲的是,太多女人沒有能夠守住自己的初心,逐漸變得庸俗、市儈,內心被欲望所支配,逼著自己變得圓滑世故,甚至做一些違心的事。

有一部電視劇的主角,本是窮苦的漁家女,溫柔、善良,想要透過自己的努力改變命運。但因為她有著明豔動人的外貌,魔鬼一般的身材,被一些居心不良之人看重,成為別人手裡的「玩物」,甚至被培訓成專門用於行賄的「美女蛇」,時常周旋於眾多男性人物身邊。

她是一個被傷害、被侮辱的受害者,原本非常值得同情,但她為了爬上更高的階層,為了獲得更多的金錢享受,甘願成為權貴的玩物,更是與那些傷害自己的人同流合汙,成為他們的一員。

之後的她醉心於名利權勢,成為人們眼中的女強人、女企業家。可是她真的快樂嗎?相信她並不快樂,因為她丟失了最初的那份善良和純真,丟失了生命中最美好的東西。

「敢冒天下之大不韙,才是做大事的品格,我們要是不成為別人的玩物,怎麼有機會讓別人成為我們的玩物呢?」在累積財富的過程中,她投機鑽營、巧取豪奪,甚至參與了殺人滅口,完全拋棄了心中的柔軟善良。

為了得到工廠,她完全不在意工人失業。被法官質問時,她卻輕描淡寫地說:「我不知道我跟他們有什麼關係。」為了不走

輯八　在人生每個階段,心向美好,且有力量

漏風聲,跟了自己十幾年創業的財務處長,也被她設計謀害了。

從社會底層走到社會上層,她說自己的一切,都是靠自己一步一步打拼出來的。但打拼的過程中,充滿殘酷和冷血,無所不用其極,結果自己迷失在欲望的森林中。她會調侃著說「人生苦短,多多享受」,但喧囂浮華背後,良心永遠無法解脫。她的內涵越來越貧乏,美感消失殆盡。

我們的心靈原本是一片淨土,一塵不染。但是,它很容易被世俗汙染,失去原有的寧靜。由於欲念的存在,我們會被世上的名利、金錢所迷惑,心中只想將喜歡的東西通通占為己有,而不想捨棄,於是心中充滿了矛盾、憂愁、煩惱,心靈上會承受很大的壓力和痛苦。

女人可以追求幸福和成功,但是卻不能忘了初心,一旦忘掉,便會變得利欲薰心,心靈被欲望和物質所腐化。一個心靈被腐化的女人,內心往往只想著各種利益,忘卻了善良、寬容、情誼。這樣的女人,即便是再成功、再美麗,恐怕也掩飾不住她的市儈與俗氣。在當今物欲橫流的社會當中,女人該如何守住心中的那一份純淨呢?這就需要我們對世事保持一份清醒,並且擁有極大自控能力,能夠以淡定的心態看待得失,沒有斤斤計較的粗俗,沒有自以為是的淺薄,沒有自怨自艾的矯情。

情商高的女人會時常對自我進行反省,清除那些汙染心靈

的雜草，還自己一個純淨美麗的心靈。如此一來，她們才能脫離庸俗，變得越來越高貴優雅，並且把生活過成一首詩。

擁有簡單的心態，做一個簡單的女人

有人時常會問：「什麼樣的生活最幸福、最美好？」

面對這樣的問題，有人會說成功的事業會讓人幸福，也有人說富裕的生活會讓人幸福，還有人說家庭美滿會讓人幸福。這樣的回答正確，卻又不完全正確。這是因為若只是生活富裕，事業有成，內心卻不滿足，總是想要獲得更多，總是被各種煩惱、瑣事、名利、金錢拖累，那麼生活也會充滿煩惱，沒有什麼幸福和美好可言。

不妨先來聽一個故事：

一個年輕人覺得生活很沉重，整天心煩意亂，便問智者生活為何如此沉重。智者聽完，隨即給他一個簍子，並指著前面一條沙礫路說：「你每走一步就撿一塊石頭放進去，最後體會有什麼感覺。」

年輕人一路不停地撿拾，漸漸地他感到越來越疲倦。這時，智者說：「這也就是你為什麼感覺生活越來越沉重的原因。每個人來到這個世界上時，都會揹著一個空簍子，然而我們每

輯八　在人生每個階段，心向美好，且有力量

走一步都要從這世界上撿一樣東西放進去，才有了越來越累的感覺。」

年輕人放下簍子，頓覺輕鬆愉悅。

生活中為什麼越來越多的女人感慨活得太累、不快樂？很多人給出的理由是，生活中時時充斥著金錢、功名、利益的角逐，處處充斥著許多新奇和時髦的事物……她們為了追求更多的東西，被這個世界趕著跑，整天忙碌著，累是一種必然。這就像是故事中的年輕人一樣，一路上背負了太多的包袱，怎麼會不感覺累呢，又怎麼會感到快樂呢？

生活從來不簡單，充滿了這樣那樣的煩惱，有無數的問題和麻煩，可越是如此，我們就越應該保持一顆簡單的心，做一個簡單的女人。如果習慣把簡單之事複雜化，把微小之事放大化，生活就會變得繁冗複雜、沉重忙亂。

年輕的時候，春霞什麼都追求最好的，拚命地想抓住每一個機會。有一段時間，她手上同時擁有十三個廣播節目，每天忙得昏天暗地。事業愈做愈大，春霞的壓力也愈來愈大。到了後來，春霞發覺擁有更多、更大不是樂趣，反而是一種沉重的負擔。她的內心始終被一種強烈的不安全感籠罩著。

直到有一天，春霞意識到自己再也忍受不了這種生活了，終於做出了一個決定：摒棄那些無謂的忙碌，讓生活變得簡單一點。

> 擁有簡單的心態,做一個簡單的女人

之後,她著手開始列出一個清單,把需要從她的工作中刪除的事情都排列出來,然後採取了一系列「大膽的」行動,取消了一大部分不是必要的電話預約,取消了每週兩次為了拓展人際關係舉辦的聚會等等。

就這樣,透過改變自己的日常生活與工作習慣,春霞感覺到自己不再那麼忙碌了,還有了更多的時間陪家人。因為睡眠時間充足,心態變輕鬆了,她的工作效率得到了很大的提高,身心狀況也變好了。

其實,人簡單點才快樂,生活簡單一點才幸福。當然,簡單不是潦草,不是不作為,更不是放棄對生活和事業的追求。

事實上,邁向簡單生活的步驟其實很簡單,那就是學會替自己的生活做減法。面對人生,不再過分地追求金錢和名利,不再讓自己成為欲望的傀儡;面對生活,不要讓自己過於忙碌,更不要過多地追求物質;面對工作,需要刪掉密密麻麻的計畫表,只盯住自己定下的目標,走一條最短的直線;面對心靈,需要卸下身上的負擔,清空內心的雜草。沒錯,簡單就是快樂。生活簡單,我們可以減去很多麻煩;思維簡單,我們可以少走彎路;感情簡單,我們可以保持著那份純真;內心簡單,我們就可以減少很多煩惱。所以,與其抱怨世界複雜,生活太累,不如擁有簡單的心態,做一個簡單的女人。

做個簡單的女人,就是要注重頭腦和心靈的滋養。簡單不是

> 輯八　在人生每個階段，心向美好，且有力量

傻，不是率性而為，而是明智大度；簡單不是愚笨，是智慧，是大智若愚。在簡單中成長，在簡單中自得，此種心境甚是可貴。

丹丹是一個在職場打拚多年的女人，有一個幸福的家庭。工作和生活的奔忙雖然令人疲累，但她卻經常告訴自己要活得簡單些。「房不在大，夠住就行。衣不在多，夠穿就行。飯不在多，夠吃就行。」這是丹丹經常掛在嘴邊的一句話，這種簡單的心態讓丹丹天性達觀，熱情而爽朗。

在競爭激烈的職場上，她不依附權勢，不追求金錢，更不會絞盡腦汁爭名奪利，她對身邊的每一個人都很友好，這使她看起來始終溫婉和悅。職場拚殺之餘，相夫教子，有時間就安靜地讀一會書，她向周圍人呈現出的總是清晨陽光般的笑容。

由此可見，簡單是一種境界，是回歸內在自我的一種途徑。一位哲人曾經說過這樣一句話：「我們的生命如果以一種簡單的方式來經歷，連上帝都會嫉妒。」

女人應該學會擁有簡單的心態體會生活，不挖空心思依附權勢，不貪圖名利富貴，更不計較那些是是非非。這樣的女人，內心便會知足、淡然、豁達，有陽光般的心態，生命的路途上也將更加輕鬆快樂！

所謂幸福，就是懷有一顆感恩的心

曾看過一個愛情偶像劇，劇中男孩對一個女孩百般呵護，聽說女孩喜歡吃一家門市的烤鴨，他加完班後就急急忙忙地去買烤鴨。終於這個男孩趕在店鋪關門最後一刻買了一隻烤鴨，中途還不小心扭到腳，興沖沖地送給女孩。他的這一舉動非但沒有感動女孩，反而被責怪：「這麼晚了瞎跑什麼？」

看過這個偶像劇的人都忍不住為男孩叫屈，我也不例外，因為這個女孩實在太不感恩了。男孩如此真心對待她，卻只是換來一句抱怨。雖然女孩可以不接受男孩的愛，但是卻不能漠視男孩的付出，更不能沒有一顆感恩的心。因為這個世界上，沒有誰欠誰的，而一個不懂得感恩的女人也注定無法獲得真正的幸福。

一位婚姻專家說：「容易幸福的女人，一定是一個懂得歡喜和感恩的女人。」仔細想想，這話很有道理。有些女人總是在抱怨命運不夠好，自己得到的不夠多，憤然於別人富有而自己貧窮，別人快樂而自己憂傷，別人幸福而自己孤獨。

很多時候，我們得到的不是太少，而是心越來越不滿足了。其實快樂就在身邊，我們卻習慣視而不見，於是一顆心永遠走在尋找幸福的路上……

君君的朋友嫁了一個在企業上班的優質男人。他帥氣多金，性格開朗，事業有成，最主要是對妻子非常好，捨得在她

199

輯八 在人生每個階段，心向美好，且有力量

身上花錢。每次出差回來，他都會買各式各樣的禮物送給妻子。有如此貼心的老公，妻子自然倍感歡喜，幸福之餘免不了常常在君君這幫朋友們面前提及。

君君和朋友們一開始覺得沒什麼，但時間久了，就忍不住將這個朋友的老公與自家老公相比，比來比去，心裡就有了落差。

君君抱著這樣的心態，心裡越來越不平衡，於是不斷對老公橫挑鼻子豎挑眼，心情也是越來越鬱悶、煩躁。

君君老公疑惑之下問她為什麼不開心，君君則沒好氣地抱怨說：「你對我不夠好。」

君君老公愣住了，問：「為什麼這麼說？」

「瞧瞧人家 xx 老公，每次出差送禮物給她不說，過生日也跟結婚似的隆重，」她白了老公一眼，繼續說道，「就拿今年 xx 過生日來說吧，人家老公不但帶她去法國玩了一個星期，而且回來還在一家會所為她辦了個派對，邀請我們好多朋友參加了。你看看你，今年的生日你都沒送我禮物！」

這話一出口，君君老公便大喊冤枉，辯解道：「你每次過生日，不論我做什麼，都不合你的意。前年你過生日，我買來一大堆菜下廚做菜，一邊看菜單一邊做飯，忙活了半天，你說我不浪漫；去年我送了你一束花，你說那東西哪能當飯吃，淨花錢買那些沒用的；今年我怕我買的東西又不合你意，反而招你

> 所謂幸福，就是懷有一顆感恩的心

不高興，就給了你錢，讓你自己去買喜歡的東西，你現在又反過來埋怨我對你不夠好⋯⋯」

老公的一番話讓君君理屈詞窮，一時不知道該說什麼好。

很多女人覺得自己不幸福，認為自己沒有體貼的老公，沒有高薪的工作，沒有優秀的孩子，沒有好的家世⋯⋯可在別人看來，她其實活得並不差，工作穩定，父母健康，愛人體貼，孩子乖巧。

為什麼會如此？其實，她們覺得不幸福的關鍵原因在於她們缺少一顆感恩的心，將所得當作理所當然，一味地苛求、埋怨生活。

我們常說，人生就是一場修行。所謂修行，其實就是修練一顆感恩的心。人，空手來到這個世界，所以一切都是這個世界的恩賜。我們該感激，從內心感激身邊的一切。不管是家庭的幸福，還是工作的穩定，我們都應該抱著感恩的心來享受，並且努力回饋。唯有如此，我們才能贏得別人的愛，並且贏得想要的幸福。

一個懂得感恩的女人，總能找到快樂的理由。因為懂得感恩的女人，一定善於接納別人給予她的好，並懂得表達自己的歡喜和感恩。在待人接物上，她雖然不指望別人為自己種植一片森林，但人家卻心甘情願為她種植一棵灑滿濃濃綠蔭的樹，讓她在這片綠蔭的庇護下活得幸福快樂。

輯八　在人生每個階段，心向美好，且有力量

　　曾看過一檔紅遍全國的歌唱比賽，入圍的選手各個有實力，有特色，有夢想。幾個女孩子樂觀向上，從不哭訴自己的種種不幸遭遇，而總是笑盈盈地站在臺上唱歌，然後微笑等待評審的點評。

　　其中一個女孩子說：「有人問我為什麼這麼快樂，我為什麼不快樂呢？我能唱喜歡的歌，我沒有理由不快樂！」

　　其中一位評審直白地說：「說實話，你不漂亮，身材也不好。」

　　對於一個女孩來說，這樣的評價有些刺耳，但這個女孩並沒有沮喪，而是平靜地回答道：「我的嗓子還能歌唱，我的大腦還能思考，我有終生追求的理想，有我愛和愛我的親人和朋友。最重要的是，我還有一顆感恩的心。這就值得我唱下去，不是嗎？」說完，笑容從她的嘴角蕩漾開，一種傲然的神情溢滿了她的臉。

　　評審笑著點頭，臺下掌聲響起……

　　這樣懂得感恩的女孩子，是不是比任何人都美麗？相信，她將來也定能獲得屬於自己的成功和幸福。

　　感恩是一種美德，一種能力，一種讓自己幸福的神奇能力。當你有了感恩的心態，你就會發現，眼中所見的都是美好。

　　所謂幸福，就是常懷一顆感恩的心。以感恩心處世，足以讓我們心懷喜悅而生活幸福。

　　朋友們，修練自己的感恩之心吧！當你帶著這份感激之心

> 所謂幸福，就是懷有一顆感恩的心

生活，就會驚喜地發現，你的內心會逐漸變得平和，時常洋溢著淡淡的喜悅，之後，你和父母的關係和諧了，周圍的朋友多了，遇到的好事一個接一個，生活也發生了很大的改變。

國家圖書館出版品預行編目資料

進退有度！現代女性的情商修養之書：掌握處世智慧、擺脫道德綁架，在人際關係中游刃有餘 / 張鈴玉 著 . -- 第一版 . -- 臺北市：財經錢線文化事業有限公司 , 2024.12
面； 公分
POD 版
ISBN 978-626-408-108-5(平裝)
1.CST: 女性 2.CST: 修身 3.CST: 生活指導
192.15 113018639

進退有度！現代女性的情商修養之書：掌握處世智慧、擺脫道德綁架，在人際關係中游刃有餘

作　　者：張鈴玉
責任編輯：高惠娟
發 行 人：黃振庭
出 版 者：財經錢線文化事業有限公司
發 行 者：財經錢線文化事業有限公司
E - m a i l：sonbookservice@gmail.com
粉 絲 頁：https://www.facebook.com/sonbookss/
網　　址：https://sonbook.net/
地　　址：台北市中正區重慶南路一段 61 號 8 樓
Rm. 815, 8F., No.61, Sec. 1, Chongqing S. Rd., Zhongzheng Dist., Taipei City 100, Taiwan
電　　話：(02) 2370-3310　傳　　真：(02) 2388-1990
印　　刷：京峯數位服務有限公司
律師顧問：廣華律師事務所 張珮琦律師

-版權聲明-
本書版權為樂律文化所有授權財經錢線文化事業有限公司獨家發行電子書及紙本書。若有其他相關權利及授權需求請與本公司聯繫。
未經書面許可，不得複製、發行。

定　　價：299 元
發行日期：2024 年 12 月第一版
◎本書以 POD 印製